Colin Marshall, Tony Payne
Das Spalier und der Weinstock

Colin Marshall & Tony Payne

Das Spalier und der Weinstock

Umdenken, damit die Gemeinde geistliches Wachstum hervorbringt

betanien

Bibelzitate folgen meistens der revidierten Elberfelder Bibel oder der Übersetzung von Hermann Menge. Ferner wurden verwendet: Schlachter Bibel Version 2000; Einheitsübersetzung; Lutherbibel 1984; Zürcher Bibel; Neue Evangelistische Übertragung (NEÜ); Gute Nachricht Bibel.

3. Auflage 2021

© der Originalausgabe 2009 by Matthias Media
PO Box 225 · Kingsford NSW 2032 · Australia
www.matthiasmedia.com.au
Originaltitel: *The Trellis and the Vine*

© der deutschen Übersetzung: Betanien Verlag 2015
Imkerweg 38 · 32832 Augustdorf
www.betanien.de · info@betanien.de
Übersetzung: Joachim Schmitsdorf
Lektorat: Hans-Werner Deppe
Cover: Sara Pieper | Betanien Verlag
Coverfoto: FOOD-images | Fotolia.com
Satz: Betanien Verlag
Druck: Scandinavianbook GmbH, Neustadt a. d. Aisch

ISBN 978-3-945716-07-6

Inhalt

Danksagung	7
1 Das Spalier und der Weinstock	9
2 Umdenken in Sachen Gemeindearbeit	19
3 Was tut Gott in aller Welt?	33
4 Ist jeder Christ Mitarbeiter am Weinstock?	45
5 Schuldigkeit oder Gnadengabe?	67
6 Das also ist des Trainings Kern	75
7 Training und das Wachstum des Wortes	89
8 Warum Sonntagspredigten nötig, aber nicht ausreichend sind	101
9 Das Wachstum des Wortes multiplizieren – durch Mitarbeitertraining	121
10 Aussichtsreiche Kandidaten	141
11 In der Gemeinde in die Lehre gehen	159
12 Den Anfang wagen	169
A1 Antworten auf häufig gestellte Fragen	191
A2 Interview mit Phillip Jensen über die Ausbildung bei MTS	211
Über die Verfasser	217
Über Minstry Training Strategy (MTS)	219

Danksagung

Dieses Buch haben Colin und ich im Laufe der letzten 25 Jahre geschrieben – wobei uns das gar nicht immer bewusst war. Die Beschäftigung mit diesem Buchprojekt und seinem Thema prägte und leitete unsere Sicht von der Gemeindearbeit[1] und die Ausrichtung unseres Lebens und unseres Dienstes. In Colins Fall heißt das, dass er ein Schulungsinstitut gegründet hat und leitet, das sich der Aufgabe widmet, Mitarbeiter des Evangeliums auszubilden: *Ministry Training Strategy* (MTS, siehe Kapitel 11). In meinem Fall heißt das, dass ich einen christlichen Verlag gegründet habe und leite, der vor allem Arbeitshilfen zur Förderung des Evangeliums herausgibt: *Matthias Media*.

Die Heerschar von Freunden, Familienangehörigen, Kollegen und Partnern, die uns während dieser Jahre geschult, geprägt und unterstützt haben, kann an dieser Stelle unmöglich vollständig aufgezählt werden. Dass dieses Buch überhaupt zustande gekommen ist, verdanken wir dem Einfluss und der Freundschaft von Phillip Jensen, der immer für uns da war, uns gründlich geschult und geprägt hat und der ein Werkzeug war, um MTS wie auch Matthias Media zu gründen und zu gestalten (siehe das Interview mit ihm in Anhang 2). Ebenfalls wäre es uns wohl

---

1 Engl. *ministry*, der zentrale Begriff und das Thema dieses Buches. *Ministry* kann im christlichen Kontext verschiedene Bedeutungen haben, u. a. Missionswerk, Predigtdienst etc. Wir haben es hier mit Gemeindearbeit übersetzt – weil es um den gesamten Aufgabenbereich innerhalb einer christlichen Gemeinde geht –, andere Male aber auch mit (geistlicher) Dienst oder Aufgabe(nbereich). (Anm. des dt. Herausgebers.)

Danksagung

unmöglich gewesen, dieses Buch zu schreiben, wären nicht die Freundschaft, Unterstützung und harte Arbeit von Ian Carmichael, Marty Sweeney, Archie Poulos, Paddy Benn, John Dykes, Simon Pillar, Laurie Scandrett, Robert Tong, Tony Willis, David Glinatsis, Kathryn Thompson, John McConville, Hans Norved, Ben Pfahlert, und einer Vielzahl anderer gewesen. Viele dieser Freunde haben mit Schwerstarbeit das Spalier gebaut, an dem unser Weinstock wachsen konnte. Besonderer Dank gilt auch Gordon Cheng, der lange und hart daran gearbeitet hat, damit dieses Projekt Frucht bringt.

Wenn wir schon die Freunde und Partner nennen, die dieses Buch geprägt haben, möchte ich auch betonen, dass Colin mehr dazu beigetragen hat als ich. Auf den folgenden Seiten ist oft davon die Rede, eng mit Menschen zusammenzuarbeiten, sie zu Jüngern zu machen, ihnen zu helfen, dass ihr Dienst blüht und gedeiht, und ihnen auf Dauer treu zur Seite zu stehen. Colin hat das mit mir während der vergangenen drei Jahrzehnte getan. Und obwohl ich jetzt das Vorrecht genieße, mit ihm als Bruder und Kollege zusammenzuarbeiten, möchte ich doch klarstellen, dass die meisten Gedanken auf den folgenden Seiten jetzt nur deshalb meine sind, weil er sie zuerst hatte.

Schließlich möchten wir unseren Familien danken, insbesondere den gottesfürchtigen Ehefrauen, mit denen Gott uns gesegnet hat: Colins Frau Jacquie und meine Frau Ali. Ihre Liebe, ihre Ermutigung, ihr Zuspruch und ihr Vorbild bedeuten uns mehr, als man in Worte fassen kann.

Im August 2009
Tony Payne

1

Das Spalier und der Weinstock

Im Garten hinter unserem Haus gibt es zwei Spaliere. Das eine ist an der Rückwand der Garage befestigt und hat eine sehr schöne Gitterstruktur. Ich wünschte behaupten zu können, ich hätte es selbst gemacht, aber das ist nicht der Fall. Es ist stabil, zuverlässig und hübsch anzusehen, und der grüne Schutzanstrich hat es gut erhalten. Ihm fehlt nur eins: eine Pflanze, die an ihm emporankt, wie zum Beispiel Wein es tun würde.

Ich denke, vielleicht wuchs einmal ein Rankgewächs wie Wein daran, aber der Aufbau des Gerüsts war eine dieser langwierigen Heimwerkerarbeiten, die so viel Zeit beanspruchen, dass am Ende niemand mehr dazu kam, etwas zu pflanzen, das daran wächst. Sicher hat jemand eine Menge Zeit und Arbeit in die Konstruktion investiert. Sie ist geradezu ein Kunstwerk. Aber falls jemals eine Ranke an diesem schönen Gerüst emporwuchs, dann gibt es heute keine Spur mehr davon.

Das andere Spalier steht am Grundstückszaun und ist unter einem Jasmin – einem weiß blühendem Klettergehölz – kaum noch zu sehen. Mit ein wenig Dünger und gelegentlichem Gießen treibt der Jasmin ständig neue Sprosse und windet sich den Zaun entlang, hinauf und darüber hinaus und blüht in einem hübschen Weiß, sobald der Frühling kommt. Ab und zu muss er ein wenig zurückgeschnitten und am Boden Unkraut gejätet werden. Einmal oder zweimal musste ich auch zur Giftspritze greifen, um Raupen davon abzuhalten, seine saftigen grünen Blätter zu verspeisen. Eins aber tut der Jasmin unentwegt: Er wächst.

Man kann nur schwer sagen, wie gut das Gerüst unter dem Jasmin erhalten ist; an den wenigen Stellen aber, wo es noch sichtbar ist, kann ich erkennen, dass es schon lange nicht mehr gestrichen wurde. An einem Ende ist es durch den ständigen Druck der Jasminranken vom Zaun abgerissen. Ich habe zwar mehr als einmal versucht, es wieder am Zaun zu befestigen, aber das ist zwecklos. Der Jasmin ist stärker. Ich weiß, dass ich hier auf lange Sicht etwas unternehmen muss, weil das Gewicht des Jasmins sonst das Spalier letztlich ganz vom Zaun löst und alles zusammenbricht.

Ich habe oft überlegt, einen Ableger des Jasmins zu nehmen und zu sehen, ob er an dem anderen schönen, aber leeren Spalier an der Garage gedeiht. Dieses Spalier ist allerdings fast zu schön, um zuzuwachsen.

Wie die Arbeit am Spalier alles in Beschlag nimmt

Wenn ich auf der Veranda hinter meinem Haus saß und die beiden Spaliere betrachtete, dachte ich oft daran, dass die meisten Gemeinden wie eine Mischung von Spalier und Weinstock sind. Die Hauptaufgabe jedes christlichen Dienstes ist es, das Evangelium von Jesus Christus in der Kraft des Geistes Gottes zu predigen und zu sehen, wie Menschen sich bekehren, verändert werden und zu einem reifen Glauben an dieses Evangelium heranwachsen. Das ist die Arbeit, die in der Bibel mit dem Pflanzen, Bewässern, Düngen und Bewahren eines Weinstocks verglichen wird.

Allerdings braucht ebenso wie ein Weinstock auch der geistliche Dienst etwas Struktur und Unterstützung, damit Wachstum resultiert. Das muss nicht viel sein, aber zumindest brauchen wir einen Treffpunkt, einige Bibeln sowie wenigstens einige grundlegende Zuständigkeiten und Verantwortungsträger in unserer Gruppe. Alle christlichen Gemeinden, Gemeinschaften oder Werke haben irgendeine Art von »Spalier«, das der Arbeit Struktur gibt und sie stützt. Wenn der Dienst wächst, muss man auch auf das Spalier achten. Management, Finanzen, Infrastruktur,

Das Spalier und der Weinstock

Organisation, Leitung – all das wird immer wichtiger und komplexer, je größer der Weinstock heranwächst. In diesem Sinn sind gute »Spalierarbeiter« sehr wertvoll und jede wachsende geistliche Arbeit braucht sie.

In welchem Zustand sind das Spalier und der Weinstock in Ihrer Gemeinde?

Vielleicht ist die Arbeit am Spalier aus der Arbeit am Weinstock hervorgegangen. Es gibt Komitees, Strukturen, Programme, Aktivitäten und Spendensammlungen; viele investieren eine Menge Zeit dafür, alles am Laufen zu halten, aber die eigentliche Arbeit – das Wachstum des Weinstocks zu fördern – bleibt an einigen wenigen hängen. Vielleicht ist der Sonntagsgottesdienst die einzige Gelegenheit, bei der tatsächlich echte Arbeit am Weinstock geschieht, und dann auch nur durch die Predigt des Pastors.

Wenn es so um Ihre Gemeinde steht, dann ist anzunehmen, dass der Weinstock etwas traurig aussieht. Die Blätter sind nicht so grün, er blüht nicht besonders üppig und es ist vielleicht schon einige Zeit her, seit man zuletzt frische Sprosse an ihm sah. Der Pastor müht sich weiterhin tapfer ab, fühlt sich überarbeitet, zu wenig gewürdigt und etwas entmutigt, dass seine treue Arbeit am Weinstock, die er jeden Sonntag leistet, anscheinend nicht viel Frucht bringt. Tatsächlich würde er gerne mehr Leute anspornen und ihnen dabei helfen, in die Weinstockarbeit einzusteigen – mitzuhelfen beim Bewässern, Säen und Pflanzen und beim Fördern des Wachstums in Christus. Die traurige Tatsache aber ist, dass auch der Großteil der Spalierarbeit von ihm organisiert werden muss: Tagungsordnungen und Dienstpläne, Grundbesitz- und Gebäudefragen, Komitees, Finanzen, Budgets, die Ordnung im Gemeindebüro, die Planung und Durchführung von Veranstaltungen. Er hat einfach nicht genug Zeit.

Und das ist der Haken an der Spalierarbeit: Sie neigt dazu, von der Arbeit am Weinstock abzulenken und die gesamte Arbeitskraft in Beschlag zu nehmen. Das liegt vielleicht daran, dass die Arbeit am Spalier leichter ist und uns nicht so viel

Kapitel 1

==Herzblut abverlangt.== Die Arbeit am Weinstock geht uns persönlich nahe und benötigt viel Gebet. Wir müssen dazu von Gott abhängig sein und unseren Mund auftun, um anderen irgendwie Gottes Wort zu sagen. Davor schrecken wir von Natur (von unserer sündigen Natur) aus zurück. Was würden Sie lieber tun: sich mit einer Gruppe freiwilliger Gemeindeglieder treffen und etwas Laub zusammenfegen oder Ihrem Nachbarn bei einem persönlichen Gespräch das Evangelium erklären? Was ist leichter: eine Geschäftsbesprechung über den Zustand des Teppichbodens oder ein schwieriges persönliches Gespräch, bei dem Sie einen Freund wegen seines sündigen Verhaltens zurechtweisen müssen?

Die Spalierarbeit sieht oft auch viel beeindruckender aus als die Weinstockarbeit. Spalierarbeit ist offensichtlicher und strukturierter. Man kann auf etwas Konkretes hinweisen – ein Komitee, eine Veranstaltung, ein Programm, ein Budget, eine Infrastruktur – und dann sagen, dass man etwas erreicht hat. ==Man kann ein Spalier bauen, das so hoch ist, dass es bis zum Himmel reicht, und hoffen, sich dadurch einen Namen zu machen; und doch kann es sein, dass der Weinstock daran nur kümmerlich wächst.==

Viele Gemeinden konzentrieren sich vorrangig auf die Spalierarbeit, weil sie den geistlichen Dienst als etwas Institutionelles betrachten. Es kann sehr leicht passieren, dass sich Gemeinden, christliche Organisationen und ganze Gemeindeverbände nur noch damit befassen, ihre Institution am Laufen zu halten. Ich kenne eine Gemeinde, in der wöchentlich 23 verschiedene Gruppen und Programme laufen, die allesamt auf dem Wochenplan stehen. All diese verschiedenen Aktivitäten hatten irgendwann einmal als gute Ideen für das geistliche Wachstum der Gemeinde begonnen. Zweifellos führen sie dazu, dass während der Woche viele Leute im Gemeindehaus eine Menge unternehmen. Aber wie viel Weinstockarbeit findet dabei tatsächlich statt? Wie viele Menschen hören Gottes Wort und wachsen durch die Kraft seines Geistes in der Erkenntnis und Furcht Gottes? Für diese Gemeinde lautet die konkrete Antwort: nur sehr wenige.

Was auch immer der Grund dafür sein mag: Zweifellos hat die Pflege und Instandhaltung des Spaliers in vielen Gemeinden immer mehr von der Arbeitskraft absorbiert, die eigentlich der Fürsorge am Weinstock dienen sollte. Wir halten Veranstaltungen, unterhalten Gebäude, haben Posten in Komitees, stellen Mitarbeiter ein und sorgen für sie, erledigen Verwaltungsaufgaben, sammeln Geld und arbeiten gewöhnlich das ab, was unser Gemeindeverband erledigt haben möchte.

Irgendwie scheint das mit zunehmendem Alter die Normalität zu werden. Die Weinstockarbeit scheint uns zu ermüden und wir übernehmen immer mehr organisatorische Verantwortung. Manchmal kommt das sogar daher, dass man uns als erfolgreiche Winzer wahrnimmt und wir aus dem aktiven Weinanbau ausscheiden, um anderen die Kunst des Weinanbaus beizubringen.

Wenn wir aber innehalten und bedenken, welchen Auftrag Gott uns als seinem Volk gegeben hat, müssen wir zugeben, dass die Lage noch viel ernster ist. Das Gleichnis vom Spalier und dem Weinstock ist nicht bloß ein Bild für die Kämpfe meiner eigenen örtlichen Gemeinde; es ist auch ein Bild für die Evangelisation meiner Straße, meiner Stadt und unserer Welt.

Der Weinstock und der Auftrag

1792 schrieb ein junger Mann namens William Carey ein Buch mit dem Titel *Eine Untersuchung über die Verpflichtung der Christen, Mittel einzusetzen für die Bekehrung der Heiden.*[2] Darin stritt Carey *gegen* die damals vorherrschende Ansicht, der Missionsbefehl aus Matthäus 28 sei bereits durch die Apostel erfüllt wor-

---

2 Originaltitel: *An Enquiry into the Obligations of Christians to use Means for the Conversion of the Heathen.* Dt. Ausgabe erschienen bei VKW, Verlag für Kultur und Wissenschaft, Bonn 1998.

Kapitel 1

den und treffe daher nicht mehr auf die Gemeinden der nachfolgenden Generationen zu. Für Carey bedeutete diese Auffassung, dass man sich vor seiner Verantwortung drückte. Er verstand den Missionsbefehl als Pflicht und Vorrecht aller Generationen; und so begann mit Carey (der als Missionar nach Indien ging) die moderne Missionsbewegung.

Den meisten Christen ist das völlig klar. Natürlich müssen wir Missionare bis ans Ende der Erde aussenden und versuchen, die ganze Welt für Christus zu erreichen! Aber ist es wirklich das, wozu Matthäus 28 uns auffordert? Gilt der Auftrag auch unserer Gemeinde und jedem Christen? Diese berühmten Verse sollten wir uns einmal genauer anschauen.

Als die Jünger den auferstandenen Herrn auf dem galiläischen Berg sahen, von dem in Matthäus 28 die Rede ist, waren sie überwältigt. Mit gemischten Gefühlen fielen sie vor ihm nieder – voller Ehrfurcht und Zweifel. Und als Jesus auf sie zutrat und zu ihnen sprach, hatten seine Worte nichts Beruhigendes für sie.

Er sagte ihnen: »Mir ist alle Macht gegeben im Himmel und auf Erden« (Mt 28,18). Diese erstaunliche Aussage erinnert an Daniel 7. Dort wird »einer, der wie eines Menschen Sohn aussah«, vor den Hochbetagten gebracht und ihm werden »Herrschaft, Ehre und Königtum verliehen, und alle Völker, Stämme und Sprachen dienten ihm« (Dan 7,13-14).

Jesus sagt seinen Jüngern in Matthäus 28,18 quasi: »Der Menschensohn von Daniel 7, das bin ich!« Und in den drei Jahren zuvor hatten sie es mit eigenen Augen gesehen. Jesus war unter ihnen als der mächtige Menschensohn gewandelt, der die Kranken heilte, die Toten auferweckte, mit Vollmacht lehrte, Sünden vergab und Dinge sagte wie:

> Wenn aber der Menschensohn in seiner Herrlichkeit kommt und alle Engel mit ihm, dann wird er sich auf den Thron seiner Herrlichkeit setzen; alle Völker werden alsdann vor ihm versammelt werden, und er wird sie voneinander scheiden, wie der Hirte die Schafe von den Böcken scheidet. (Mt 25,31-32)

Das Spalier und der Weinstock

Und als jetzt dieser Menschensohn auf den Bergen Galiläas vor ihnen steht, sehen sie, wie sich die Vision Daniels erfüllt. Hier steht der Mann, vor dem sich alle Menschen aus allen Völkern und Sprachen beugen werden.

Auf dieser Grundlage – der einzigartigen, allerhöchsten und weltumspannenden Autorität des auferstandenen Menschensohns – sendet Jesus seine Jünger aus, um Menschen aus allen Völkern zu Jüngern zu machen. Manchmal vermitteln unsere Bibelübersetzungen den Eindruck, der Schwerpunkt des Befehls liege auf dem »Geht hin«, aber das Hauptverb des Satzes ist »macht zu Jüngern« (im Griechischen ein einziges zusammenhängendes Verb: »jüngermachen«), dem die drei nachfolgenden Partizipien angehängt sind: hingehend (oder: »indem ihr hingeht«), taufend und lehrend.

»Taufen« und »lehren« sind die Mittel, durch die Jünger gemacht werden sollen. Was die Taufe auch sonst symbolisieren oder bedeuten mag, hier ist jedenfalls damit gemeint, dass die Jünger zu Beginn ihres Christseins zur Buße und Unterwerfung unter die Macht Jesu geführt werden, dem Herrscher über die ganze Welt.

Das »Lehren«, zu dem die Jünger beauftragt werden, bedeutet das weiterzuvermitteln, was Jesus selbst gelehrt hat. Er war ihr »Lehrer« (vgl. Mt 12,38; 19,16; 22,16.24.36; 26,18), und als Jesus sie lehrte, wuchsen sie in Erkenntnis und Verständnis. Die Jünger wiederum sollen jetzt neue Jünger machen, indem sie diesen beibringen, allem gehorsam zu sein, was ihr Meister sie gelehrt hat. Dieses »Jüngermachen durch Lehren« entspricht dem Predigen des Evangeliums im parallelen Missionsbefehl bei Lukas. Dort sagt Jesus: »… in seinem Namen soll Buße und Vergebung der Sünden verkündigt werden unter allen Völkern, beginnend in Jerusalem« (Lk 24,47).

Aber was ist mit dem »Gehen«? Zumindest seit William Carey wurde das als Auftrag zur Mission verstanden, als eine feierliche Pflichterklärung zur Aussendung von Arbeitern am Evangelium in alle Welt. Das kann jedoch Ortsgemeinden zu dem

Irrtum verleiten, sie seien dem Missionsbefehl dann gehorsam, wenn sie Geld (und Missionare) ins Ausland senden. Bei diesem Satz liegt der Schwerpunkt aber nicht auf dem »Gehen«. Vielmehr wird das Partizip »gehend« wohl besser übersetzt mit: »wenn ihr geht«, oder: »während ihr geht«. Bei diesem Auftrag geht es nicht grundsätzlich um Mission irgendwo da draußen in einem anderen Land. *Es ist ein Auftrag, der das Jüngermachen für jede Gemeinde und für jeden Jünger Christi zur normalen Pflicht und Priorität erhebt.*

Die Autorität Jesu ist in jeder Hinsicht unumschränkt. Er ist Herr und Meister über die Straße, in der ich wohne, über meine Nachbarn, meinen Stadtteil, meine Kollegen, meine Familie, meine Stadt, mein Volk – und ja, über die ganze Welt. Es ist gut, wenn wir Missionare aussenden, die das Evangelium an Orten verkündigen, wo es noch nie zu hören war; aber wir müssen das Jüngermachen auch zu Hause, in unserer Nachbarschaft und in unseren Gemeinden als unsere Hauptaufgabe ansehen!

Jesu Befehl »machet zu Jüngern« in Matthäus 28,19 ist mehr als nur ein besonderer Auftrag an die Apostel, die damals bei seiner letzten Erscheinung nach der Auferstehung bei ihm versammelt waren. Die ersten Jünger wurden aufgefordert, andere »zu Jüngern zu machen«. Und weil diese neuen Jünger ebenfalls unter der weltweiten Herrschaft Christi stehen und allem gehorchen sollen, was Jesus gelehrt hat, sind auch sie genau dazu verpflichtet, wie die ursprünglichen Zwölf die Aufgabe der Verkündigung von Christi Herrschaft fortzuführen. Und diese Verkettung dauert weiter »bis zum Ende der Welt«.

Don Carson kommt zu dem Schluss: »Der Auftrag ist mindestens den Elf gegeben, aber den Elf in ihrer Eigenschaft als Jünger (V. 16). Darum dienen sie als Musterbeispiel für alle Jünger … Es ist für alle Jünger Jesu verbindlich, andere zu dem zu machen, was sie selbst sind: Jünger Jesu Christi.«[3]

---

[3] D.A. Carson, »Matthew«, in Frank E Gaebelein (Hg.), *The Expositor's Bible Commentary*, Bd. 8 (Grand Rapids: Zondervan, 1984), S. 596.

Das Spalier und der Weinstock

Ein Jünger zu sein heißt, berufen zu sein, um neue Jünger zu machen. Natürlich empfangen Christen unterschiedliche Gaben und Aufgaben (mehr dazu in den nachfolgenden Kapiteln); weil sie aber alle Jünger Christi sind, die zu ihm in einer Lehrer-Schüler- bzw. Meister-Nachfolger-Beziehung stehen, sind alle auch »Jüngermacher«.

Das Ziel der Gemeindearbeit ist daher recht simpel und auf gewisse Weise messbar: Gewinnen wir echte Jünger Christi und schulen wir sie? ==Die christliche Gemeinde neigt immer zu Institutionalisierung und Verweltlichung. Das Hauptaugenmerk verlagert sich dahin, traditionelle Programme und Strukturen zu bewahren, und das Ziel des Jüngermachens verliert man aus den Augen.== Der Auftrag zum Jüngermachen ist der Prüfstein dafür, ob unsere Gemeinde sich in der Mission Christi engagiert. Machen wir echte Jünger Jesu Christi? Unsere Aufgabe ist nicht, Gemeinde- oder Vereinsmitglieder zu machen, sondern echte Jünger Jesu.

Oder, um wieder auf unser Gleichnis zurückzukommen: Unsere Aufgabe ist es, für das Wachstum des Weinstocks zu sorgen und nicht für das des Spaliers.

Das Bild vom Spalier und dem Weinstock wirft all die Fragen auf, die für die Gemeindearbeit grundlegend sind:

- Wozu dient der Weinstock?
- Wie wächst der Weinstock?
- Was hat der Weinstock mit meiner Gemeinde zu tun?
- Was ist Weinstockarbeit und was ist Spalierarbeit, und wie können wir sie unterscheiden?
- Welche Aufgabe haben verschiedene Menschen für das Wachstum des Weinstocks?
- Wie können wir mehr Menschen in die Weinstockarbeit einbeziehen?

Kapitel 1

- Wie sieht das richtige Verhältnis zwischen Spalier und Weinstock aus?

In den folgenden Kapiteln behaupten wir, dass es dringend notwendig ist, sich diese Fragen neu zu stellen. Es herrscht große Verwirrung. Jeder will, dass seine Gemeinde wächst, aber die meisten sind unsicher, wo und wie sie anfangen sollen. Gemeindewachstumsgurus kommen und gehen. Methoden für den geistlichen Dienst kommen und gehen wie der jeweils neueste Schrei der Damenmode. Wir probieren eine neue Methode nach der anderen aus und hoffen, dass die neueste (endlich!) das Erfolgsgeheimnis ist.

Selbst unter solchen gottesfürchtigen, treuen Pastoren, die die trendsetzenden Marotten des christlichen Marketings meiden, gibt es Verwirrung – ganz besonders darüber, wie Gemeindearbeit und geistlicher Dienst in der Bibel aussehen und was daraus in der jeweils eigenen Konfession oder Tradition geworden ist. Wir sind alle mehr in unseren Traditionen verhaftet und von ihnen beeinflusst, als uns bewusst ist. Und Traditionen und langjährige Erfahrung zu haben bedeutet nicht immer, dass sich schreckliche Irrtümer festsetzen; viel öfter wird dadurch einfach unser Fokus von unserer Hauptaufgabe und -agenda abgelenkt: dem Jüngermachen. Wir gewöhnen uns daran, Dinge auf eine bestimmte Weise zu erledigen (ursprünglich oft aus gutem Grund), sodass wichtige Elemente vernachlässigt und vergessen werden – zu unserem eigenen Schaden. Wir werden unausgewogen und wundern uns dann, warum wir uns im Kreis drehen.

2

Umdenken in Sachen Gemeindearbeit

Im Verlauf dieses Buches werden wir die These aufstellen, dass die meisten christlichen Gemeinden heute radikal neu bewerten müssen, worin Gemeindearbeit und geistlicher Dienst wirklich bestehen – was Sinn und Zweck dieser Arbeit ist, wie sie vonstattengeht und welchen Anteil wir alle an ihrer Ausführung haben. In den nachfolgenden Kapiteln (besonders in Kapitel 3-5), werden wir uns in die Bibel vertiefen, um die Grundlage für dieses Umdenken zu legen und um zu begründen, warum das so dringend nötig ist.

Bevor wir allerdings bei der Argumentation ins Detail gehen, ist es unserer Meinung nach gut, eine kurze Vorschau auf unser Ziel zu geben. Wir werden zeigen, dass Strukturen nicht mehr zum geistlichen Wachstum beitragen als Spaliere zum Wachstum einer Ranke und dass die meisten Gemeinden eine bewusste Änderung vollziehen müssen – weg von Aufbau und Instandhaltung von Strukturen und hin zum *Heranbilden von jüngermachenden Jüngern Christi.*

Dazu müssen wir vielleicht in manchen Dingen radikal umdenken – und das kann schmerzhaft sein. Die folgenden Beispiele betreffen jeweils einen anderen Aspekt des »Denkens in Strukturen«, das uns daran hindert, Menschen zu dienen. Sobald wir aber erst einmal den Übergang vollzogen haben, wird uns dieses Umdenken eine neue Sicht auf den geistlichen Dienst und auf Mitarbeiterschulung eröffnen.

Kapitel 2

1. Menschen (er)bauen statt Programme abspulen

Wenn wir die Dienste für das kommende Jahr planen, können wir grundsätzlich zwei Ansätze verfolgen. Der eine besteht darin, über bestehende Gemeindeprogramme nachzudenken (wie etwa Sonntagsgottesdienste, Jugendarbeit, Kinderarbeit und Bibelstudiengruppen) und dann herauszufinden, wie solche Programme weiter durchgeführt und verbessert werden können. Der andere Ansatz besteht darin, bei den Menschen in unserer Gemeinde anzufangen, ohne dabei bestimmte Strukturen oder Programme im Hinterkopf zu haben, und dann zu überlegen, wer diese Menschen sind, die Gott uns anvertraut hat, wie wir ihnen zu geistlichem Wachstum verhelfen können und was ihre geistlichen Gaben und Chancen sind.

Dieses Umdenken ist revolutionär: Wenn wir über unsere Leute nachdenken, lenkt das unseren Fokus darauf, sie an erste Stelle zu setzen und die Dienste um sie herum aufzubauen. Dabei kann klar werden, dass manche Programme keinem sinnvollen Zweck mehr dienen. Es kann auch klar werden, dass ein Programm nicht mehr lebensfähig ist, weil dessen bisherige Mitarbeiter nicht mehr verfügbar sind. Deshalb kann man das Programm einstellen. Das ist vielleicht für diejenigen schmerzhaft, die davon profitiert haben (man braucht Mut, um von einem toten Pferd abzusteigen!), aber es werden neue Dienste entstehen, wenn Sie die Mitglieder Ihrer Gemeinde schulen, ihre unterschiedlichen Gaben und Chancen zu nutzen.

2. Menschen schulen statt Veranstaltungen organisieren

Gemeinden wenden zur Evangelisation gewöhnlich einen veranstaltungsbasierten Ansatz an. Sie verkündigen das Evangelium im Rahmen einer Vielzahl von Veranstaltungen: bei Gästegottesdiensten, Evangelisationen, Männerfrühstücken, Mittagessen für Frauen und bei vielen anderen kreativen Events. Um weiterhin erfolgreich zu erscheinen, lancieren sie immer mehr solcher Veranstaltungen.

Allerdings versagt diese Taktik auf einer bestimmten Ebene. In unserem nachchristlichen, säkularen Zeitalter werden die meisten Ungläubigen niemals eine unserer Veranstaltungen besuchen. Sogar unsere Gemeindemitglieder kommen nur unregelmäßig. Die »Veranstaltungstaktik« stützt sich zum Teil auf die Anziehungskraft und Begabung eines Gastredners, und das bedeutet, dass unser Veranstaltungsangebot durch die Verfügbarkeit solcher Koryphäen begrenzt ist. Für Pastoren und ehrenamtliche Verantwortungsträger kann das Planen und Ausrichten von Veranstaltungen darin enden, dass es ihr ganzes Leben beherrscht und sie ihre ganze Zeit nur dafür verwenden. Doch trotz des nötigen Aufwands stellen Veranstaltungen auf gewisse Weise eine zentralisierende Taktik dar: Sie sind für den Leiter oder Organisator bequem und leicht zu handhaben, aber sie verlangen von Ungläubigen, unter unseren Bedingungen zu uns zu kommen. Letztendlich hält uns ein veranstaltungsbasierter Ansatz sowohl von der Mitarbeiterschulung als auch vom Evangelisieren ab.

Wenn wir wollen, dass unsere Strategie vorrangig Menschen im Blick hat, müssen wir uns auf deren *Schulung bzw. Training* konzentrieren. Das erhöht die Anzahl und Effektivität derer, die das Evangelium weitersagen (d.h. von solchen Christen, die die gute Botschaft sowohl im persönlichen Gespräch als auch in öffentlicher Rede vermitteln können). Zu einer solchen Strategie gehört, weitere Redner zu finden und zuzurüsten; dadurch wächst die Zahl, Vielfalt und Wirksamkeit von Veranstaltungen. Zusätzlich können Sie Veranstaltungen zum Training Ihrer Mitarbeiter nutzen. Wenn alle Mitglieder Ihrer Gemeinde die Gelegenheit zu Evangelisationstraining haben, werden mehr Nichtchristen zu Ihren Veranstaltungen kommen.

Aber wir müssen bedenken: Diese Strategie ist unsystematisch oder sogar chaotisch – und lästig. Man braucht Zeit, um Evangelisten heranzubilden. Neue Evangelisten brauchen Zeit, um ihren eigenen Dienst aufzubauen. Diese Strategie bedeutet, dass wir die Kontrolle über unsere Programme abgeben müssen; denn wenn das Evangelium gepredigt wird, wird Christus Menschen in verschiedene Gemeinschaftsformen sammeln, ob sie in unsere vertrauten Strukturen passen oder nicht.

3. Menschen beim Wachsen helfen statt sie ausnutzen

Es sind die Ehrenamtlichen, die unsere Gemeindeprogramme aufrechterhalten und ausweiten. In Gottes Augen sind die Ehrenamtlichen für unsere Gemeinden unverzichtbar: Sie investieren ihren Feierabend und ihr Wochenende in Sonntagsveranstaltungen, Kinderarbeit, Jugendgruppen, Bibelkreise, Komitees, die Pflege des Gemeindegebäudes usw. Wenn man solche bereitwilligen Ehrenamtlichen hat, besteht die Gefahr, sie auszunutzen und dabei zu vergessen, sie zu trainieren. Sie brennen dann aus, ihr Dienst wird eingeschränkt und wir müssen feststellen, dass wir darin versagt haben, sie in ihrem Wandel als Christ und in ihrem Dienstpotenzial zu fördern. Statt unsere Ehrenamtlichen auszunutzen, müssen wir überlegen, wie wir sie ermutigen und ihnen helfen können, in der Erkenntnis und Liebe Christi zu wachsen; denn Mitarbeit ist eine Frucht des geistlichen Wachstums – nicht umgekehrt.

Zum Beispiel hatte ein engagiertes, eifriges Ehepaar sechs Jahre lang ununterbrochen treu als Bibelstundenleiter gedient und diesen Dienst unter einen Hut mit anderen wichtigen Pflichten im Studium und Job gebracht. Im siebten Jahr nahmen sie ein »Sabbatjahr«, wozu ihr Pastor sie ermutigt hatte. Sie pausierten mit der Leitung der Bibelstunde, um wieder neue Kraft zu tanken, einfach nur normale Gruppenmitglieder zu sein und ihre Batterien wieder aufzuladen. Nach dieser einjährigen Pause stiegen sie wieder in die Leitung ein.

Wir müssen für Menschen sorgen und ihnen helfen, im Dienst zu blühen und zu gedeihen, statt sie bis auf den letzten Tropfen auszuquetschen, damit unsere Programme weiterhin laufen.

4. Neue Arbeiter zurüsten statt Lücken füllen

Zu den Dingen, die Pastoren am meisten belasten, gehört das Stopfen von Lücken, die leitende Mitarbeiter hinterlassen, wenn sie aus einem unserer Programme ausscheiden. Wenn wir aber nur darauf achten, die Lücken zu füllen, werden wir nie aus dem Bestanderhaltungs-Modus herauskommen: Wir halten bestehende Dienste einfach nur aufrecht, statt neue Zweige aufsprossen zu lassen.

Wir müssen bei den Menschen beginnen, die Gott uns gegeben hat, und nicht bei unseren Programmen. Wir müssen jeden Einzelnen als Gabe Christi an unsere Gemeinde betrachten und ihn entsprechend zum Dienst zurüsten. Wir sollen daher nicht mehr fragen: »Wer kann diese Lücke in unserem Personal füllen?«, sondern vielmehr: »Welchen Dienst könnte dieses Gemeindeglied ausüben?«

Wir kennen aus eigener Erfahrung viele positive wie negative Beispiele dafür. Nehmen wir etwa Sarah, eine Spitzensportlerin, die sich als junge Erwachsene durch eine Missionsarbeit unter Sportlern bekehrte. Sarah wurde durch Nacharbeit gut in ihrem Glauben gefestigt und ihre Gemeinde bot ihr eine gute und erbauliche geistliche Heimat. Außerdem hatte Sarah eine Leidenschaft für Christus und für das Evangelisieren sowie viele nichtchristliche Freunde, Kollegen und Bekannte, unter denen sie das Evangelium weitergab. Statt jedoch Sarah zuzurüsten und zu ermutigen, diesen evangelistischen Dienst weiter zu verfolgen, drängte die Gemeinde sie sehr, Mitglied im Gemeinderat zu werden, weil dort eine Lücke geschlossen werden musste. Sarah war begeistert und hilfsbereit. Die Gemeinde füllte eine Lücke, statt einen Dienst rund um die Gaben und Gelegenheiten von Menschen aufzubauen.

Ein positives Beispiel ist Dave, ein junger Mann, der an Schizophrenie litt. Dave war sehr intelligent und begabt; er hatte den Herrn lieb, aber durch seine Krankheit war ihm praktisch jeder gewöhnliche Zugang zu Dienst und Mitarbeit verschlossen. Er verfügte nicht über die seelische Belastbarkeit oder Kraft, um Bibelstunden zu leiten, Neubekehrten nachzugehen oder etwas zu anderen Gemeindeveranstaltungen oder Programmen beizutragen. In den Zeiten aber, wenn Dave klar denken konnte, besaß er ein enormes Potenzial, um seinen zahlreichen Freunden und Kontakten evangelistisch zu dienen, die ebenfalls unter geistigen oder emotionalen Störungen litten. Daves Pastor trainierte und ermutigte ihn, diesen Dienst zu tun, und auch andere Glaubensgeschwister unterstützten ihn, stärkten ihm den Rücken und halfen ihm bei der Nacharbeit. Das war ein wunderbares Beispiel, an dem man das Dienstpotenzial eines einzigartigen Menschen erkennen und ihm helfen und ihn zurüsten konnte, Jünger zu machen.

Wenn wir beginnen, die Dinge in diesem Licht zu sehen, wird uns das neue Dienstfelder eröffnen, die an bestimmten Gaben und Möglichkeiten unserer Gemeindemitglieder orientiert sind. Statt einen Posten in einem Komitee neu zu besetzen, kann ein ausländisches Gemeindeglied vielleicht einen Dienst unter seinen Landsleuten starten oder ein anderes eine Bibelstudiengruppe mit seinen Arbeitskollegen. Darüber hinaus hilft uns dieser gabenorientierte Ansatz, potenzielle Kandidaten für den hauptberuflichen Verkündigungsdienst zu entdecken und zu trainieren (mehr dazu in Kapitel 9-10).

5. Glaubensfortschritte fördern statt Probleme lösen

Viele Christen haben den Eindruck, dass man nur dann für sie betet und sie besucht, wenn sie krank oder arbeitslos sind. Natürlich werden in unseren Gemeinden immer Menschen sein, die Probleme haben. Im Volk Gottes – und auf der ganzen Welt – gibt es viele Bedürfnisse und Notlagen. Und als Diener Christi müssen wir jeden lieben und willkommen heißen – egal, wie seine jeweiligen Nöte und Umstände aussehen. Wir dürfen seine Probleme nicht mit billigen Ausreden beiseite wischen (Jak 2,14-17).

Allerdings wollen wir auch nicht jene Art von Dienstumfeld aufbauen, in dem Menschen nur noch dadurch ihre Beziehungen pflegen, dass sie miteinander über ihre Probleme reden. Wenn der Dienst in unseren Gemeinden darauf gründet, auf die Probleme zu reagieren, die einige vorgetragen haben, dann werden viele keine Aufmerksamkeit bekommen, weil sie sich scheuen, ihre Probleme offen mitzuteilen. Das Ziel ist, Menschen in einem heiligen Lebenswandel und in der Erkenntnis Gottes voranzubringen, ob sie nun Probleme haben oder nicht. Das ist der Grund, warum wir Christus »verkündigen, indem wir jeden Menschen ermahnen und jeden Menschen in aller Weisheit lehren, um jeden Menschen vollkommen [d. h. reif, erwachsen] in Christus darzustellen« (Kol 1,28).

==Stellen Sie sich daher bitte die Frage, ob Ihr Dienst reaktiv ist oder proaktiv (d. h. vorausschauend handelnd).== Wenn Sie vorwiegend auf die Probleme von Menschen reagieren, werden sie keine Kraft haben, um in proaktives Training und in das Wachstum neuer Tätigkeitsfelder zu investieren. ==Wenn Sie einen problemorientierten Dienstansatz verfolgen, werden jene Menschen Ihre Programme beherrschen, die die größten Probleme haben; und das wird Sie auslaugen und erschöpfen und Ihr Leistungsvermögen beeinträchtigen, um andere Dienste zu tun.==

6. Teamleitung aufbauen statt an Pastorentradition festhalten

Gemeindeverbände liegen nicht unbedingt verkehrt, wenn sie Pastoren ordinieren oder als treue Hirten der Herde Christi bestätigen. Allerdings kann die Praxis der Ordination das Mitarbeitertraining in Gemeinden in mehrfacher Weise behindern. Erstens: Wenn ausschließlich offiziell ordinierte Pastoren als Prediger dienen, nimmt das den Gemeinden den Anreiz, nichtordinierte »Laien« anzuspornen, doch einmal zu prüfen, ob sie die Gabe zum Predigen und Lehren haben. Zweitens: Wenn man sich grundsätzlich darauf beschränkt, Personallücken in Gemeinden zu schließen, die keinen Pastor haben, warum sollte man dann überhaupt nach Evangelisten und Gemeindegründern suchen, durch die eine neue Arbeit heranwachsen könnte? Drittens: Wir werden dazu neigen, nur solche für die Ausbildung auszusuchen, die dem Schema eines ordinierten Pastors entsprechen. Dabei übersehen wir, dass manche begabten Menschen zwar nicht bequem in traditionelle geistliche Ämter passen, dass sie aber mit ihren Gaben außerhalb bestehender kirchlicher Strukturen Neuland für das Evangelium erschließen können.

Im traditionellen Denken erwartet man vom ordinierten Pastor einer Gemeinde, alle öffentlichen Ämter des Wortes und des Sakraments auszuüben, Hausbesuche zu machen, zu evangelisieren, Bibelunterricht zu erteilen und noch mehr. Wenn wir aber den Schwerpunkt auf Training legen, bedeutet das Teamarbeit. Gemeindeglieder sind oft gegen Teamarbeit – aus einer Vielzahl von Gründen. Erstens sieht ein solches Training elitär aus, da nur diese wenigen ausgewählt wurden. Zweitens wollen manche Christen, dass nur der »echte« Pastor predigt oder sie besucht, und sind nicht damit zufrieden, wenn das nur ein Ältester oder gar ein Diakon tut. Schließlich noch meint man oft, ein Pastor würde durch Teamtraining von seinen Pflichten abgelenkt. Doch Teamarbeit ist in vielerlei Hinsicht nützlich; darum ist es durchaus angebracht, unsere Pastoren dafür freizustellen, ein Team aufzubauen.

7. Dienstpartnerschaften bilden statt ausschließlich auf die Gemeindeleitung fixieren

Streitigkeiten über die Art und Weise der Gemeindeleitung beherrschen oft den geistlichen Dienst in einer Gemeinde. In einem gewissen Maß ist das zu erwarten, weil Konfessionen sich oft über ihr Verständnis von Gemeindeleitung definieren, und es ist für eine Gemeinde wichtig, ihrer Tradition treu zu bleiben. Allerdings kann die starre Verpflichtung auf eine bestimmte Ordnung auch zerstörerisch auf das Mitarbeitertraining wirken. Gemeinden können viel zu viel Zeit damit verbringen, über Fragen zu debattieren wie: »Wo und wie passen Gemeindepraktikanten und Dienstteams in unsere bestehenden Strukturen? Sind sie Älteste, Diakone, Pastoren oder Mitglieder des Gemeinderats?« Es ist wohl nützlicher, von diesen Dingen in Begriffen der Dienstpartnerschaft zu denken statt in formalen Leitungsstrukturen.

Wir können es auch so sehen: Älteste und Gemeindeleiter müssen bereits aktive Winzer sein, bevor man darüber nachdenkt, ihnen die Verantwortung des Aufseheramtes anzuvertrauen. Sie müssen solche Menschen sein, die mit anderen ein persönliches Bibelstudium durchführen können und ihren Mitmenschen das Evangelium weitersagen.

8. Training vor Ort aufbauen statt nur auf Ausbildungsstätten verlassen

Es ist eine weise Strategie, begabte und kompetente Pastoren zusammenzubringen, um für eine gründliche akademische Qualifikation an einer theologischen Ausbildungsstätte zu sorgen. Diese Art von Ausbildung ist sowohl für Laienprediger als auch für ordinierte Pastoren von entscheidender Bedeutung. Doch von einer Hochschule kann man nicht erwarten, auch Charakter, Überzeugung und Fähigkeiten so umfassend zu auszubilden, wie es für Pastoren und Mitarbeiter eigentlich nötig ist. Das muss größtenteils durch eine berufsbegleitende Ausbildung im Gemeindealltag erfolgen. Es ist daher ideal, wenn Hochschulstudium und Training innerhalb der Gemeinde Hand in Hand gehen. Es kann sein, dass das nicht immer gleichzeitig möglich ist. In unserem Teil der Welt etwa ist es üblich, dass eine formelle theologische Ausbildung wie bei einem Sandwich zwischen einem Gemeindepraktikum vor dem Studium an einer theologischen Ausbildungsstätte und einem anschließenden »In-service«-Training, also einer praktischen Weiterbildung im laufenden Dienst (in Kirchen oft Vikariat genannt) eingebettet ist. (Mehr dazu siehe Kapitel 11.)

Es gibt auch zahlreiche Gelegenheiten für Gemeinden, eine formelle oder externe Ausbildung in die eigenen Schulungsangebote zu integrieren – zum Beispiel, indem die Teilnehmer neben ihrer gemeindeinternen Ausbildung ein theologisches Fernstudium absolvieren.

9. Langfristiges Wachstum anstreben statt sich auf dringende Probleme konzentrieren

Wir verzetteln uns leicht darin, Gemeindeprogramme am Laufen zu halten. Das Dringliche verdrängt das Wichtige, und jeder meint, seine Agenda müsse zuerst erledigt werden. Wir wissen zwar, dass Leiterschaftstraining uns helfen würde, unsere Dienstbereiche zu erhalten und zu erweitern, aber all unsere Kraft geht schon dafür drauf, den Gemeindebetrieb am Laufen zu halten. Wenn wir allerdings aufhören, uns auf drängende Probleme zu konzentrieren und stattdessen auf langfristiges Wachstum abzielen, wird der Druck weniger dringlich sein und vielleicht sogar ganz aufhören.

10. Dienst statt Management

Gemeindeleiter müssen durchaus verantwortungsvolle Verwalter der ihnen anvertrauten Mittel sein; ihre Arbeit wird daher immer auch mit Verwaltungsaufgaben – mit Management – zu tun haben. Allerdings besteht für sie die Gefahr, sich so sehr in diesen Verwaltungsaufgaben zu verstricken, dass dadurch ihr Lehr- und Trainingsdienst beeinträchtigt wird. Wie viele Stunden pro Woche verbringt Ihr Pastor mit Gemeinderatssitzungen, Bürokratie und Grundbesitzverwaltung, Organisation von Veranstaltungen und dem Alltagsgeschäft? Können Sie andere anleiten, einige dieser Aufgaben zu übernehmen? Kann Ihr Pastor von einigen dieser Verwaltungsaufgaben entlastet werden, so dass er die freigewordene Zeit für das Heranbilden von einem oder zwei neuen Leitern nutzen kann?

11. Wachstum des Wortes statt Wachstum der Gemeinde

Haben wir erst einmal angefangen, Zeit und Mittel in die Ausbildung unserer Gemeindeleiter zu investieren, werden wir bald befürchten, sie zu verlieren. Dennoch muss es zu unseren Ausbildungszielen gehören, einige der herangebildeten Gläubigen zu ermutigen, ein weitergehendes, formelles Theologiestudium aufzunehmen und damit anzustreben, Pastor oder Missionar zu werden. Wir sollten die gut ausgebildeten Christen nicht horten, sondern »exportieren«. Einer Gemeinde mit knappen Ressourcen kann das sehr schwer fallen. Sogar bei Gemeinden mit vielen Leitern zehren häufige Personalwechsel und ständig neue Trainingsprogramme an den Kräften. Unsere Sichtweise der Verkündigung des Evangeliums muss jedoch sowohl global als auch lokal sein: Das Ziel ist nicht Gemeindewachstum (in dem Sinn, dass unsere örtliche Gemeinde an Mitgliedern, Budget, Gemeindeneugründungen und Reputation wächst), sondern das Wachstum des Wortes (vgl. Apg 6,7; 12,24; 19,20) – des Evangeliums. Wenn wir Arbeiter ausbilden und in neue Arbeitsgebiete aussenden (sowohl lokal als auch global), kann es sein, dass unser lokales Werk nicht zahlenmäßig wächst, aber dass die Ausbreitung des Evangeliums durch diese neuen Diener des Wortes gefördert wird.

Ein treffendes Beispiel soll kurz veranschaulichen, was ein solches Umdenken praktisch bedeutet.

Stellen Sie sich vor, ein Christ, der schon recht fest im Glauben steht, würde an einem Sonntagmorgen nach dem Gottesdienst zu Ihnen sagen: »Weißt du, ich würde mich ja gerne in die Gemeinde einbringen, aber ich habe den Eindruck, es gibt hier nichts für mich zu tun. Ich bin kein ›Insider‹; ich werde nicht gebeten, an Gemeinderatssitzungen teilzunehmen oder Bibelstudiengruppen zu leiten. Was kann ich tun?«

Was würden Sie spontan dazu sagen? Würden Sie anfangen zu überlegen, ob irgendeine Veranstaltung oder ein Programm ansteht, wo er mithelfen könnte? Oder ob irgendeine Aufgabe erledigt werden muss? Oder ob er irgendeinen Dienst übernehmen oder unterstützen kann?

Wir sind gewohnt, auf diese Weise darüber zu denken, wie Gemeindeglieder in das Gemeindeleben eingebunden werden können: im Hinblick auf Rollen und Aufgaben – als Platzanweiser, Bibelgruppenleiter, Sonntagsschullehrer, Kassenwart, Ältester, Musiker, Chorleiter, Kollektensammler usw. Aufgrund dieser Denkweise schließen die Gemeindeglieder: Wenn alle Aufgaben und Rollen besetzt sind, dann gibt es für mich in dieser Gemeinde im Grunde nichts mehr zu tun. Ich bin darauf reduziert, nicht mehr als ein passives Mitglied zu sein. Ich werde einfach abwarten, bis man mich bittet, »irgendetwas zu tun«. Für die Gemeindeleitung ergibt sich ein ähnlicher Schluss: Sie muss die Leute einbeziehen und sich aktiv bemühen, eine Aufgabe für sie zu finden. Tatsächlich sagen die meisten Gemeindewachstumsgurus, dass es entscheidend ist, einem neuen Gemeindemitglied innerhalb der ersten sechs Monate eine Aufgabe zu geben, damit es sich dazugehörig fühlt.

Wenn allerdings die wahre Arbeit für Gott Arbeit an Menschen ist – dass einer dem anderen unter Gebet Gottes Wort weitergibt –, dann gibt es immer etwas zu tun. Die Gelegenheiten, einander persönlich zu dienen, sind für Christen grenzenlos.

Sie könnten daher in der oben geschilderten Situation dem Fragesteller antworten: »Siehst du den Mann, der dort drüben alleine sitzt? Das ist Julies Ehemann. Er ist hier quasi Außenseiter. Ich bin mir nicht einmal sicher, ob er überhaupt schon bekehrt ist. Wie wäre es, wenn du dich ihm vorstellst und mit ihm vereinbarst, dass ihr euch alle zwei Wochen zum Frühstück trefft und gemeinsam die Bibel lest? Oder siehst du das Ehepaar da drüben? Sie haben sich beide gerade erst bekehrt und brauchen dringend jemanden, der sie ermutigt und anleitet. Wie wäre es, wenn du und deine Frau sie zu euch einladet und euch einmal im Monat mit ihnen zum Beten trefft? Und falls ihr noch mehr Zeit habt und etwas mehr beitragen wollt, dann fangt an, für die Leute in eurer Straße zu beten und ladet sie dann alle zu einer Grillparty ein. Das könnte ein erster Schritt sein, um mit ihnen über das Evangelium zu sprechen oder sie zu irgendetwas einzuladen oder mitzunehmen.«

Natürlich stehen die Chancen gut, dass der andere dann sagt: »Aber ich weiß doch gar nicht, wie man das macht! Ich bin unsicher, was ich sagen oder wo ich anfangen soll.«

Darauf antworten Sie: »Oh, das macht nichts. Wir treffen uns einfach von jetzt an regelmäßig und dann kann ich dich anleiten.«

Wenn Sie Pastor sind, werden Sie beim Lesen dieser Zeilen vielleicht denken: »Okay, da haben wir's. Jetzt bin ich mir sicher, dass diese Jungs Traumtänzer sind. In ihrer Traumwelt nehmen sie an, ich hätte die Zeit, mich mit allen Mitgliedern meiner Gemeinde einzeln zu treffen und sie persönlich zu trainieren und zu betreuen, so dass sie wiederum anderen persönlich dienen können. Wissen die nicht, wie mein Terminkalender aussieht? Haben die auch nur einen Hauch von Ahnung, unter welchem Druck ich stehe? Wenn die das mit ›Umdenken‹ meinen, dann klingt das für mich eher nach einer durchgeknallten Sicherung!«

Nun, wir kennen Ihren Terminkalender nicht, aber wenn es ein typischer Pastoren-Terminkalender ist, dann wissen wir nur zu gut, unter welchem Druck Sie stehen. Wir werden später noch darauf zu sprechen kommen, wie ein solches Umdenken im realen Gemeindealltag ganz praktisch verwirklicht wird.

Zuerst allerdings müssen wir grundlegend mit der Bibel arbeiten. Um die biblischen Grundlage zu verstehen, warum wir unseren Dienst neu auf Menschen statt auf Strukturen ausrichten sollten, müssen wir unsere Grundannahmen überdenken und prüfen, *was* Gott in unserer Welt tut, *wie* er es tut, *wen* er dazu gebraucht und was das alles für das Jüngerschaftstraining und den geistlichen Dienst bedeutet.

3

Was tut Gott in aller Welt?

Wenn Sie vor sich selbst und Gott ehrlich sind, kommen Ihnen in stillen Momenten manchmal Gedanken wie diese in den Sinn?

Gott, was tust du?!

Wir wissen, dass du stark und mächtig und herrlich bist. Du regierst über alles. Du hältst die ganze Welt in deiner Hand.

Wie lange aber noch wirst du uns so allein lassen wie jetzt?

Wir betteln dich um ein wenig Wachstum an, um Kraft, damit wir nur ein wenig *wieder auf die Beine kommen*. Du weißt, wie es aussieht. Die Mitgliederzahlen stagnieren, die Moral lässt nach, überall fehlt es an Geld.

Wir sind ein Witz. Die Welt lacht über uns.

Über jeden Fehler und Skandal, sei er echt oder erfunden, fallen die cappuccinoschlürfenden Giftschlangen gierig her – diese Journalisten, die mit den trendigen, breitrandigen Brillen und der »korrekten« Meinung.

Bist du zornig über uns? Wann wirst du eingreifen und die Dinge ändern?

Vergiss nämlich nicht, dass das alles deine Idee war. Du hast den Weinstock ursprünglich gepflanzt – du hast für ihn den Garten geräumt, ein Loch gegraben, das Spalier aufgestellt – und wir blühten auf. Aber sieh uns jetzt einmal an! Wir werden bei lebendigem Leibe gefressen.

O Gott der Heerscharen, stelle uns wieder her; und lass dein Angesicht leuchten, so werden wir gerettet!

Kapitel 3

Bis auf die letzten beiden Sätze, die ein direktes Zitat von Psalm 80,8 sind, ist der Rest dieses kleinen Gefühlsausbruchs eine Umformulierung von Psalm 80. Dieser Psalm wurde zu einer Zeit geschrieben, als Israel sich so vorkam wie viele Gemeinden heute. Die Zeit, als Gott sie in seiner Macht erlöste und ihnen Siege schenkte, schien längst vergangen zu sein. Und seine Gunst – bildlich: das Leuchten seines Angesichts über ihnen – fehlte auf beunruhigende Weise. Gott schien ihnen wie ein enttäuschter Vater zu sein, der zu oft durch seinen eigensinnigen Sohn beschämt und gedemütigt worden war und sich letztendlich abgewandt hatte, weil er zu angeekelt und betrübt war, um das alles weiter mitansehen zu können.

Solche Worte kommen uns heute leicht in den Sinn und über die Lippen. Unsere Gemeinden stolpern und straucheln. Sie wachsen nur langsam, gar nicht oder haben ein »Negativwachstum« (ein wunderbarer moderner Euphemismus). Wir wursteln in unserem Dienst vor uns hin und unsere Begeisterung nimmt mal zu, mal ab; aber nur woanders scheint wirklich etwas los zu sein – entweder in einer anderen christlichen Bewegung oder in der Welt. Präsidenten und Premierminister werden gewählt, Pokale gewonnen und verloren, und Millionen Menschen verfolgen Seifenopern im Fernsehen. Wenn man »alle Nachrichten, die es wert sind, gedruckt zu werden« – so das Motto der New York Times – gründlich liest, steht dort nichts davon, was in unserer kleinen Gemeinde geschieht. Wir sind keine Meldung wert. Wenn ein Ehepaar am Sonntagmorgen in der Nähe unserer Gemeinde vorbeikommt, wenn sie ihren Hund in den Park ausführen und dabei unseren matten Gesang hören, was kommt ihnen dabei wohl in den Sinn? Vermutlich kaum: »Mann, hier ist was los!« Viel eher denken sie: »Arme verirrte Seelen!«, oder: »Das ist aber komisch!«, oder: »Ich hätte nicht gedacht, dass es noch Leute gibt, die so etwas tun«, oder irgendetwas anderes Abschätziges.

Heutige Gemeinden in der westlichen Welt erleiden zwar meistens keine derartigen direkten Angriffe und Katastrophen wie Israel damals, aber sicher fragen auch wir uns, was Gott in der Welt tut. Hört er uns noch? Handelt er noch? Ich dachte, er sei Herr und Gebieter über alles. Aber was ist dann sein Plan?!

Viele Psalmen loten diese Tiefen aus. Psalm 80 aber hat die Besonderheit, dass er diese Gedanken durch das Bild von Israel als Gottes Weinstock ausdrückt:

> O Gott der Heerscharen, stelle uns wieder her;
> und lass dein Angesicht leuchten, so werden wir gerettet!
> Einen Weinstock hast du aus Ägypten herausgebracht;
> du hast die Heidenvölker vertrieben und ihn gepflanzt.
> Du machtest Raum vor ihm,
> dass er Wurzeln schlug und das Land erfüllte;
> sein Schatten bedeckte die Berge
> und seine Ranken die Zedern Gottes;
> er streckte seine Zweige aus bis ans Meer
> und seine Schoße bis zum Strom.
> Warum hast du nun seine Mauer niedergerissen,
> dass alle ihn zerpflücken, die vorübergehen?
> Der Eber aus dem Wald zerwühlt ihn,
> und die wilden Tiere des Feldes weiden ihn ab. (Ps 80,8-14)

Hier finden wir uns mitten in einer Geschichte wieder, die sich bereits zu entfalten begann, als es weder Weinstöcke noch Erdreich gab, in die man den Wein hätte pflanzen können. Sie ist die Geschichte darüber, was Gott auf dem Planeten Erde wirklich tut. Sie beginnt mit seinem Plan, alle Dinge durch und für seinen Sohn zu schaffen, und sie gipfelt in einem neuen Himmel und einer neuen Erde, bevölkert von einem auferweckten Volk Gottes, das mit Jesus Christus vereint ist.

Aber hier in Psalm 80 hängt alles noch in der Schwebe. Nach dem Unglück des Sündenfalls und des Gerichts der Sintflut und der Sprachverwirrung von Babel hatte Gott geplant, sich ein Volk aus allen Völkern zu sammeln: Er berief Abraham und bildete sich von ihm ausgehend eine ganz besondere Nation, Israel.

Kapitel 3

Im Lauf der Jahrhunderte begann dieser Plan sich zu entfalten. Das Volk wuchs wie eine junge kräftige Pflanze heran. Es musste zwar die Sklaverei in Ägypten erdulden, aber Gott rettete es, trieb feindliche Völker aus dem Land Kanaan aus und pflanzte das Volk Israel in den dortigen Boden, den er vorbereitet hatte.

Doch zur Zeit von Psalm 80 stand das ganze Projekt am Rande des Abgrunds. Die Mauern des Weinbergs waren niedergerissen, und alle, die vorbeizogen – einschließlich Schweine und anderer Tiere –, nutzten die Gelegenheit und raubten die Trauben. Um die Metapher noch etwas auszuweiten: Auch der Weinstock selbst war krank – infiziert mit Ungehorsam, Abtrünnigkeit und Abgötterei.

An diesem Tiefpunkt der Heilsgeschichte ruft der Psalmist Gott um Erbarmen und Rettung an. Und zu dieser Zeit rufen auch die Propheten Gottes Antwort aus: Zuerst verkündigen sie Gericht über Israel wegen seiner Sünden; aber sie verheißen auch Gnade, Errettung und Wiederherstellung – zu der von Gott bestimmten Zeit und auf die von Gott bestimmte Weise.

Was die Propheten wussten – und was nicht

Die Propheten bringen dieses zweifache Thema von Gericht und Gnade auf vielerlei Weise zum Ausdruck. Wir wollen uns hier auf das Bild und Thema des Weinstocks beschränken. Hosea verurteilte Israel als »üppigen Weinstock«, der letztlich verdorben und dem Untergang geweiht war. Hosea prophezeite aber auch, dass Gott die Pflanze einmal wieder erblühen lassen wird:

> Israel ist ein rankender Weinstock,
> der für sich selbst Frucht bringt.
> Je mehr Früchte er brachte,
> desto mehr Altäre bauten sie;
> je besser ihr Land war,
> desto schönere Götzenbilder machten sie.

Ihr Herz ist falsch,
nun sollen sie es büßen:
Er wird ihre Altäre zerschlagen,
ihre Götzenbilder zertrümmern. (Hos 10,1-2)

Ich will ihre Untreue heilen,
sie aus freien Stücken lieben.
Mein Zorn hat sich von ihnen abgewandt.
Ich werde für Israel sein wie der Tau.
Es soll blühen wie eine Lilie,
Wurzeln schlagen wie der Libanonwald.
Seine Triebe sollen sich ausbreiten,
dass seine Pracht wie der Ölbaum sei,
sein Duft wie der vom Libanonwald.
Die in seinem Schatten wohnen, kehren zurück.
Sie bauen wieder Getreide an
und blühen auf wie der Weinstock,
dessen Ruf wie der Wein vom Libanon ist. (Hos 14,5-8)

Allem äußeren Anschein nach geschah nichts – außer dass Sünde, Versagen und Gericht andauerten. Und doch verhießen die Propheten, dass Israel sich wie Phönix aus der Asche wieder erheben wird – durch die lebensspendende Macht ihres Gottes. Der Weinstock sollte noch einmal erblühen und zu einer schönen Pflanze von Weltruhm heranwachsen. Aber der Weg zu dieser Herrlichkeit sollte durch Leid und Gericht gehen. Die Konsequenzen der Sünde konnten unmöglich umgangen werden. Irgendwie und irgendwann würde Gott sein Volk durch das Gericht bringen und aus der Schattenseite in das strahlende Licht seines Heils.

Alle Verheißungen Gottes sind »Ja und Amen in Jesus Christus« (2Kor 1,20), und auch diese Verheißung ist keine Ausnahme. Der Apostel Petrus spricht in seinem ersten Brief von der Erfüllung der prophetischen Verheißung an Israel. In einem wunderbaren Abschnitt schreib er:

> Im Hinblick auf diese Rettung suchten und forschten Propheten, die über die an euch erwiesene Gnade weissagten. Sie forschten, auf welche oder auf was für eine Zeit der Geist Christi, der in ihnen war, hindeutete, als er die Leiden, die auf Christus kommen sollten, und die Herrlichkeiten danach vorher bezeugte. Ihnen wurde es offenbart, dass sie nicht sich selbst, sondern euch dienten im Blick auf das, was euch jetzt verkündet worden ist durch die, welche euch das Evangelium verkündigt haben durch den Heiligen Geist, der vom Himmel gesandt ist, in welche Dinge Engel hineinzuschauen begehren. (1Petr 1,10-12)

Selten findet man ein so großes theologisches Raum-Zeit-Kontinuum in so wenige Worte gefasst. Es fängt bei den Propheten an, die von der herrlichen bevorstehenden Errettung sprechen, die aber nicht herausfinden konnten, wann und durch wen die Rettung kommen würde. Und es endet bei den Engeln, die sich danach sehnen, einen Blick auf die erstaunliche Erfüllung der prophetischen Verheißung zu werfen.

Was die Propheten durchaus wussten: Der Weg zur Herrlichkeit führt über die Leiden des Messias Gottes – und genau das würden wir erwarten, wenn wir genauer darüber nachdenken. Gottes Botschaft an Israel durch die Propheten lautete stets: Ihr werdet wegen eurer Sünden schwer leiden, aber danach erwarten euch Herrlichkeit und Wiederherstellung. Als Christus kam, um Israels Stellvertreter zu sein, ja, um der wahre Israel zu sein – war sicherlich zu erwarten, dass er das Gericht über die Sünde tragen musste und anschließend rehabilitiert und verherrlicht wird.

Viele Jahrhunderte später tat Jesus Christus genau das. Er litt und starb für die Sünde und wurde im Triumph zur Herrlichkeit erhöht. Und dabei habt ihr Christen – so schreibt Petrus seinen Lesern –, eine bessere Position als die Propheten damals oder als die Engel im Himmel – nicht nur, weil die Verheißung jetzt erfüllt ist, sondern auch, weil euch alles klar geoffenbart wurde

»durch die, welche euch das Evangelium verkündigt haben durch den Heiligen Geist, der vom Himmel gesandt ist«.

Was bedeutet das? Die Verkündigung des Evangeliums ist klar genug. Einige Evangelisten waren gekommen und hatten ihnen das Evangelium verkündigt – die Botschaft, dass Jesus Christus für die Sünden gestorben ist, dass er zur Herrlichkeit erhöht wurde und dass sie zu ihm umkehren und an ihn glauben sollen. Doch die Evangelisten wirkten »durch den Heiligen Geist, der vom Himmel gesandt ist«; gewissermaßen war also der Heilige Geist der Evangelist. So wie der Geist Christi in den Propheten wirkte, so wirkte auch derselbe Geist in den und durch die Evangelisten – das heißt, der Heilige Geist gab ihnen die apostolische Botschaft und zugleich den Mut, sie zu sagen. Und er wirkte am Herzen ihrer Hörer, um ihre Reaktion zu veranlassen.

Die Leser von Petrus hatten genau das erlebt. Sie waren zu einer lebendigen Hoffnung wiedergeboren worden (1,3) – und das aus »unvergänglichem Samen«, nämlich durch das lebendige und bleibende Wort Gottes, das Evangelium, das ihnen verkündet worden war (1,23-25).

Aus diesem außergewöhnlichen kleinen Abschnitt im 1. Petrusbrief ergibt sich ein atemberaubendes Bild. Zur Erfüllung seines ewigen Ratschlusses brachte Gott das Heil durch das Kommen Jesu Christi, der durch Leiden zur Herrlichkeit gelangen sollte. Jetzt verkündet er der Welt diese wichtige Botschaft durch seinen Geist, der in den Evangelisten wirkt; und auf diese Weise rettet er Menschen, führt sie zu einer neuen Geburt und gibt ihnen ein unvergängliches, unbeflecktes und unverwelkliches Erbe in seinem ewigen Reich.

Was Gott jetzt tut

Das tut Gott jetzt in der Welt: Die vom Heiligen Geist bevollmächtigte Verkündigung des Evangeliums bewirkt, dass Menschen gerettet werden. Das ist sein Programm, seine Agenda, seine Priorität, sein Fokus, sein Projekt oder welche Metapher aus dem Geschäftsleben auch immer wir heranziehen möchten. Und dadurch sammelt er ein neues christuszentriertes Volk als sein Eigentum. Das ist ein stilles, beständiges Wachstum einer Unmenge von Blättern am großen Weinstock seines Reiches.

Genau das sehen wir in der Apostelgeschichte am Werk. Im Original heißt das Buch »Taten der Apostel«, aber ein besserer Name wäre wohl »Die Taten des Wortes und des Heiligen Geistes durch die Apostel«. Die apostolische Aufgabe ist zu predigen, Zeugnis zu geben und das Wort zu verkündigen – und zwar in der Kraft und Vollmacht des Geistes Gottes. Wie dringlich diese Aufgabe ist, der sich die Apostel widmen, betonen sie in Apostelgeschichte 6: »Wir aber wollen beständig im Gebet und im Dienst des Wortes bleiben!«

Dann heißt es vier Mal in der Apostelgeschichte, dass »das Wort Gottes« oder »das Wort des Herrn« wuchs, sich mehrte und verbreitete – als ob es geradezu lebendig wäre. Und bei jedem Wachstumsschritt ist der Heilige Geist am Werk, erfüllt die Prediger mit Mut und Kraft und schenkt den Hörern Glauben und neues Leben – wie bei der äußerst bedeutsamen Bekehrung von Kornelius und seinen Angehörigen in Apostelgeschichte 10: Dort »fiel der Heilige Geist auf alle, die das Wort hörten«, noch während Petrus redete. Es ist interessant, wie Petrus dieses Ereignis später in Kapitel 11 in Jerusalem schildert. Als er seinen Bericht beendet, müssen selbst die Skeptiker – die Verfechter der Beschneidung –, Gott die Ehre geben und sagen: »So hat Gott auch den Heiden die Umkehr gegeben, die zum Leben führt!« Errettung und neues Leben kommen zustande, wenn und während das Wort verkündigt wird – aber nur, wenn Gott die Umkehr schenkt; nur, wenn der Heilige Geist auf die fällt, die das Wort hören, sodass ihr totes Herz lebendig wird und sie glauben.

Ganz ähnlich schildert Paulus den Fortschritt des Evangeliums unter den Kolossern. Epaphras hatte ihnen das Wort der Wahrheit verkündet und Paulus dankt Gott dafür, dass sie darauf mit Glauben reagiert haben. Anschließend sagt Paulus (ebenso wie Lukas in der Apostelgeschichte) über das Evangelium, dass es in sich selbst voll pulsierenden Lebens ist und aufgrund seiner Eigendynamik wächst: »… das Evangelium, das zu euch gekommen ist, wie es auch in aller Welt Frucht bringt und auch bei euch wächst von dem Tag an, da ihr es gehört und die Gnade Gottes erkannt habt in der Wahrheit« (Kol 1,5-6).

Das Evangelium verbreitet sich über die ganze Welt, vermehrt sich, treibt Knospen, blüht auf und trägt Frucht. Menschen hören es und reagieren durch Gottes Gnade darauf mit Glauben und werden gerettet. Aber das ist noch nicht alles. Wenn das Evangelium erst einmal in das Leben eines Menschen gekommen ist und Wurzeln schlägt, wird es unweigerlich weiterwachsen. Der Gläubige bringt in seinem Lebenswandel Frucht. Er wächst in der Liebe, Gottesfurcht, Erkenntnis und in geistlicher Weisheit, so dass er auf eine Weise wandelt, die seiner Berufung würdig ist, den himmlischen Vater erfreut und in jedem guten Werk Frucht bringt (Kol 1,9-10; 2,6-7).

Heute redet man viel über Gemeindewachstum. Und wenn wir sagen, dass wir wenig wachsen, dann meinen wir damit, wie wenig unser Gemeindeverband zahlenmäßig wächst: die Mitgliederzahlen stagnieren oder sinken, die Finanzen stehen auf wackeligen Beinen und vielleicht drohen auch Probleme mit den Immobilien.

Allerdings ist es interessant, wie wenig das Neue Testament von Gemeindewachstum spricht und wie oft vom »Wachstum des Evangeliums« oder davon, dass das Wort »zunahm«. Das Hauptaugenmerk liegt auf dem Fortschritt, den das vom Geist erfüllte Wort Gottes macht, das sich nach Gottes Plan über die Welt verbreitet. Um wieder auf unsere Metapher vom Weinstock zurückzukommen: Der Weinstock ist das vom Geist erfüllte Wort, das sich in aller Welt ausbreitet und wächst, das Menschen aus dem Reich der Finsternis in das lichterfüllte Reich des geliebten Sohnes Gottes führt und dann in ihnen Frucht bringt, während sie in der Erkenntnis Gottes und der Liebe zu ihm wachsen. Der

Kapitel 3

Weinstock ist Jesus, und da wir in ihn eingepfropft sind, bringen wir Frucht (Joh 15,1-11).

Das führt natürlich dazu, dass einzelne Gemeinden wachsen und gebaut werden. Die Betonung liegt dabei aber nicht darauf, dass die Gemeinde in ihren Strukturen wächst (in Mitgliederzahlen, Finanzen und äußerem Erfolg), sondern auf dem Wachstum des Evangeliums, das in der Kraft des Heiligen Geistes immer weiter verkündigt wird. Tatsächlich waren die Gemeinden zur Zeit des Neuen Testaments (soweit wir wissen) gewöhnlich kleine Hausversammlungen. Sie waren nach außen hin nicht beeindruckend und besaßen nur minimale Infrastrukturen. Gott aber fügte durch das Evangelium immer mehr Menschen zu ihnen hinzu. Oder um es anders auszudrücken: Christus fuhr fort, das zu tun, was er in Matthäus 16 verheißen hatte – seine Gemeinde zu bauen.

Drei Konsequenzen

Nun sind Sie vielleicht nicht gewohnt, über Gottes Wirken in dieser Welt in exakt diesen Begriffen zu denken, aber ich denke, es dürfte klar sein, dass das zahlreiche Konsequenzen hat. In den nachfolgenden Kapiteln werden wir genauer darauf eingehen, aber hier müssen wir zunächst drei wichtige Konsequenzen dieser Sicht von Gottes Plan für die Welt aufzeigen.

Die erste und offenkundigste ist: Wenn es wirklich das ist, was Gott in dieser Welt tut, dann ist es an der Zeit, dass wir uns von unseren unbedeutenden und egozentrischen Ambitionen verabschieden und uns um Christi und seines Evangeliums willen selbst aufgeben. Gott hat einen Plan, der das Schicksal jedes Menschen und Volkes auf der Welt bestimmt, und er entfaltet sich hier und jetzt unter der Verkündigung des Evangeliums Christi und der Ausgießung des Heiligen Geistes. Gibt es irgendetwas Wichtigeres auf der Welt zu tun? Es ist wichtiger als unser Beruf, unsere Familie, unser Zeitvertreib – ja, sogar wichtiger als das Wohlbefinden und die Sicherheit des gewohnten Gemeindelebens. Wir müssen uns wieder klar darüber werden, wie radikal das ist, was Jesus zu einem jungen Mann sagte, der erst noch nach Hause gehen und seinen Vater beerdigen wollte: »Lass die Toten ihre Toten begraben; du aber geh hin und verkündige das Reich Gottes!« (Lk 9,60).

Die zweite Konsequenz ist: Das Wachstum, das Gott für die Welt will, ist ein Wachstum an Menschen. Er wirkt durch sein Wort und seinen Geist, um Menschen in sein Reich zu bringen, um sie als neue Schöpfung von neuem geboren zu sehen, und um zu sehen, wie sie als Knechte Christi heranreifen und Frucht bringen. Was auch immer wir in unseren Gemeinden sonst noch an Lebens- und Wachstumsfaktoren erstreben wollen (mehr Engagement, Aktivitäten, Neuzugänge, Spendenzuwachs, mehr Mitarbeiter, größere Gebäude usw.), das einzige Wachstum, das in Gottes Plan überhaupt Bedeutung hat, ist das Wachstum der Gläubigen. Darum geht es beim wachsenden Weinstock tatsächlich: um einzelne wiedergeborene Gläubige, die durch Gottes Wort und Geist in Christus eingepfropft und in eine Gemeinschaft geführt wurden, in der sie einander erbauen.

Die dritte bedeutsame Konsequenz ist, dass dieses Wachstum nur durch die Kraft des Geistes Gottes geschieht, der durch sein Wort das Herz von Menschen verändert. Auf diese Weise werden Menschen bekehrt, und auf diese Weise gelangen Menschen zur Reife in Christus. Wir pflanzen und begießen, aber Gott gibt das Wachstum (1Kor 3,6-7). Wir sagen jemandem Gottes Wort, und der Geist schenkt den Glauben. Das kann bei Einzelnen geschehen, in kleinen Gruppen und in großen Gruppen. Es kann beim Gespräch am Gartenzaun, beim Essen oder beim Gemeindekaffee geschehen. Es kann unter der Kanzel oder auf der Veranda geschehen. Es kann durch eine formelle Schriftauslegung oder das Studium einer Bibelstelle geschehen, oder selbst dann, wenn jemand eine Wahrheit sagt, die auf der Schrift gründet, ohne dass er dabei ausdrücklich die Bibel zitiert.

Situationen, in denen das Wort verkündigt werden und der Heilige Geist wirken kann, kann es unendlich viele geben, und doch geschieht dabei letztlich immer dasselbe: Ein Christ vermittelt jemandem eine Wahrheit aus dem Wort Gottes und betet, dass Gott sein Wort durch das innere Wirken seines Geistes Frucht tragen lassen möge.

Das ist Arbeit am Weinstock. Alles andere ist nur Arbeit am Spalier.

4

Ist jeder Christ Mitarbeiter am Weinstock?

Im vorherigen Kapitel haben wir eine einfache, aber tiefgründige These aufgestellt: Das Werk, das Gott jetzt, in diesen »letzten Tagen«, also zwischen dem ersten und dem zweiten Kommen Christi in der Welt tut, besteht darin, Menschen in sein Reich zu sammeln – durch die Verkündigung des Evangeliums unter Gebet. Gott lässt seinen Weinstock durch sein Wort und seinen Geist wachsen.

Die meisten bibeltreuen Christen dürften hier zweifellos zustimmen. »Ja«, würden sie sagen: »Gewiss wachsen Christen, weil Gott dies durch sein Wort in der lebensspendenden Kraft seines Geistes tut. Und ja«, würden sie zustimmend sagen, »das bedeutet, dass die zwei grundlegenden Aktivitäten des geistlichen Dienstes die *Verkündigung* (das Wort weitersagen) und das *Gebet* sind (Gott anrufen, seinen Geist auszugießen, um das Wort im Herz der Menschen wirksam zu machen).«

Heikel wird es allerdings, wenn man versucht, diese mit der Muttermilch aufgesogenen Aussagen in unseren Gemeinden in die Tat umzusetzen. Konkret gefragt: Wie sollen wir uns den Dienst aller Christen im Unterschied zum Dienst der ordinierten Pastoren, Lehrer und Evangelisten vorstellen? Worin besteht der Dienst der Vielen, und wie verhält er sich zum Dienst der Wenigen?

Oder um es noch prägnanter zu formulieren: *Wer leistet wirklich die Arbeit am Weinstock?* Ist es hauptsächlich die Aufgabe der vollzeitlichen Hirten, Lehrer und Evangelisten, den Weinstock durch ihren Dienst am Wort zu hüten und zu verbreiten? Besteht

Kapitel 4

der Beitrag der übrigen Gemeinde hauptsächlich darin, dieses Werk zu unterstützen und dabei zu helfen, indem das Spalier gepflegt und verstärkt wird? Oder sind alle Christen an der Weinstockarbeit beteiligt?

Das sind keine leichten Fragen, und man hat sie im Laufe der Kirchengeschichte unterschiedlich beantwortet. Selbst seit der Reformation, die ja das Priestertum aller Gläubigen betonte, haben Christen unterschiedliche Modelle und Traditionen des geistlichen Dienstes entwickelt – und der Gemeindeleiter oder Pastor ist dabei manchmal von derart zentraler Bedeutung und so dominant, dass die Gemeindeglieder kaum mehr als Zuhörer sind, und in anderen Modellen geht der Antiklerikalismus so weit, dass man das Amt des Pastors oder Aufsehers gänzlich abgeschafft hat.

Was sagt die Bibel?

Jünger sind Bekenner

Grundsätzlich sagt die Bibel zuerst einmal nichts davon, dass es zwei Arten von Jüngern Jesu gäbe: solche, die ihr Leben im Dienst für ihn opfern, und solche, die das nicht tun. Der Ruf in die Jüngerschaft ist für alle gleich. Jesus sagt:

> Wer mir nachfolgen will, der verleugne sich selbst und nehme sein Kreuz auf sich und folge mir nach. Denn wer sein Leben gewinnen will, der wird es verlieren; und wer sein Leben verliert um meinetwillen und um des Evangeliums willen, der wird es gewinnen. (Mk 8,34-35)

Es gibt keine zwei Arten von Jüngern wie etwa den harten Kern, der Jesus und seinem Evangelium wirklich dient, und die Übrigen. Jünger zu sein bedeutet, ein Sklave Christi zu sein und seinen Namen offen vor anderen zu bekennen: »Wer nun mich bekennt vor den Menschen, den will ich auch bekennen vor

Ist jeder Christ Mitarbeiter am Weinstock?

meinem himmlischen Vater. Wer mich aber verleugnet vor den Menschen, den will ich auch verleugnen vor meinem himmlischen Vater« (Mt 10,32-33).

Der Ruf in die Jüngerschaft bedeutet also, dass wir uns angesichts einer feindlichen Welt treu zu Jesus bekennen; dass wir ihm und seinem Auftrag dienen, was immer es kosten mag. Kümmere dich nicht um die Beerdigung deines Vaters, sagt Jesus zu einem potentiellen Nachfolger: »Lass die Toten ihre Toten begraben; du aber geh hin und verkündige das Reich Gottes!« (Lk 9,60).

Mit anderen Worten: Der Missionsbefehl gilt nicht bloß den damaligen elf Aposteln. Er ist die Hauptaufgabe für alle Jünger. Jünger sein heißt Jüngermacher sein.

Die Radikalität dieser Forderung scheint uns oft Welten entfernt von unseren normalen christlichen Sitten und Gebräuchen. Wir gehen zur Gemeinde, singen ein paar Lieder, versuchen uns aufs Gebet zu konzentrieren und hören eine Predigt. Danach unterhalten wir uns mit einigen Leuten und gehen dann nach Hause, um anschließend eine normale Arbeitswoche abzuspulen (oder um zu studieren oder was auch immer) und erscheinen nächste Woche wieder pünktlich zum Gottesdienst. Vielleicht lesen wir während der Woche die Bibel und beten. Vielleicht nehmen wir sogar an einer kleinen Gemeindegruppe teil. Aber würde ein außenstehender Beobachter sagen: »Sieh nur, der hat tatsächlich sein bisheriges Leben für Jesus Christus und seinen Auftrag aufgegeben«?

Wenn wir die ersten Jünger in der Apostelgeschichte betrachten, sehen wir dort, wie sich dieses Bekennen und diese Treue praktisch auswirken – angesichts von Widerstand und Verfolgung. Zweifellos spielten die Apostel eine führende Rolle dabei, Jesus zu bezeugen und zu lehren und zu predigen; aber sie waren nicht die einzigen, die ihr Bekenntnis öffentlich ablegten. Wie das Gebet der Gemeinde für Freimütigkeit in Apostelgeschichte 4 klar macht, hielten sich die ersten Jünger allesamt für »Knechte« Jesu, und allen war der Heilige Geist gegeben, um in seinem Namen mutig zu reden:

Kapitel 4

> »Und jetzt, Herr, blicke hin auf ihre Drohungen und verleihe deinen Knechten Kraft, dein Wort mit allem Freimut zu verkündigen! Strecke deine Hand dabei zu Heilungen aus und lass Zeichen und Wunder durch den Namen deines heiligen Knechtes Jesus geschehen!« Als sie so gebetet hatten, erbebte die Stätte, wo sie versammelt waren, und sie wurden alle vom Heiligen Geist erfüllt und verkündigten das Wort Gottes unerschrocken. (Apg 4,29-31)

Es sollte uns nicht überraschen, dass in Apostelgeschichte 4 alle Jünger freimütig im Namen Jesu reden, denn Apostelgeschichte 2 lässt uns das erwarten. Als der Heilige Geist dort in beeindruckender Weise auf die versammelten Jünger herabkam, erfüllte er sie alle, und sie alle begannen, »die großen Taten Gottes zu verkünden«, wie Apostelgeschichte 2,11 es ausdrückt.

Das war, so erklärte Petrus, die Erfüllung einer Prophezeiung Joels: »In den letzten Tagen wird es geschehen, spricht Gott, da werde ich von meinem Geist auf alles Fleisch ausgießen, so dass eure Söhne und eure Töchter prophetisch reden und eure jungen Männer Gesichte schauen; ja, sogar auf meine Knechte und auf meine Mägde werde ich in jenen Tagen von meinem Geist ausgießen, sodass sie prophetisch reden« (Apg 2,17-18). Alle sollten Jesus bezeugen, denn »das Zeugnis Jesu ist der Geist der Weissagung« (Offb 19,10).

Dieses Muster durchzieht das ganze Neue Testament. Natürlich gibt es Leiter, Lehrer, Älteste, Aufseher, Hirten und Evangelisten – Menschen mit Führungsrollen und besonderer Verantwortung, Gottes Wort zu verkünden und sein Volk zu hüten; doch daneben gibt es immer wieder zahlreiche Hinweise auf den »Dienst am Wort« durch jeden einzelnen Christen. Gottes Wort zu reden, damit der Weinstock wächst, ist nicht das Werk von wenigen, sondern von vielen. Dazu wollen wir einige Beispiele betrachten.

Das Wort Gottes Wort zueinander reden

In Epheser 4,11-16 nennt Paulus uns seine berühmte Liste der Gaben, die der zum Himmel aufgefahrene Christus der Gemeinde gegeben hat: Apostel, Propheten, Evangelisten und Hirten-Lehrer. Und ebenso berühmt ist seine Aussage, dass das Werk dieser grundlegenden Dienste am Wort darin besteht, dass »die Heiligen zugerüstet werden zum Werk des Dienstes« (Luther u.a.) bzw. darin, »diejenigen, die zu Gottes heiligem Volk gehören, für ihren Dienst auszurüsten« (NGÜ). Einige (vor allem ältere) Übersetzungen setzen in Vers 12 ein sehr bedeutsames Komma zwischen »zur Zurüstung der Heiligen« und »für das Werk des Dienstes«.[1] Damit verstehen sie den Vers so, dass die Aufgabe der ursprünglichen Diener am Wort darin bestand, sowohl die Heiligen zuzurüsten *als auch* das Werk des Dienstes zu verrichten. Zu ihrem Dienst gehörte also, dass sie die Heiligen zurüsteten – und nicht, dass sie die Heiligen zu dem Dienst zurüsten sollten, den diese selbst dann ausüben würden.

Es gibt guten Grund zur Annahme, dass die Übersetzungen, die hier ein Komma setzen, den Sinn der Sache besser treffen. Wenn wir allerdings die nachfolgenden Verse betrachten, stellen wir fest, dass das für unsere Untersuchung keinen großen Unterschied macht. Paulus fährt fort zu sagen, dass das Ziel all dieses Dienstes (wer immer ihn tut) die Erbauung des Leibes Christi ist, damit die Gläubigen zur Einheit in der Glaubenslehre und zu einer gesunden Reife gelangen. Wir sollen nicht von jedem Wind der Lehre hin und her geworfen werden: »Lasst uns aber wahrhaftig sein in der Liebe und wachsen in allen Stücken zu dem hin, der das Haupt ist, Christus, von dem aus der ganze

---

1 Im Deutschen z. B. Schlachter 2000 – im Unterschied zur Schlachter 1951 – oder die alte Elberfelder. Die revidierte Elberfelder setzt hier ebenso wenig ein Komma wie die Lutherbibel oder andere deutsche Bibeln. Die NGÜ weist in einer Fußnote auf die Übersetzung hin, die die Verfasser dieses Buches bevorzugen.

Leib zusammengefügt ist und ein Glied am anderen hängt durch alle Gelenke, wodurch jedes Glied das andere unterstützt nach dem Maß seiner Kraft und macht, dass der Leib wächst und sich selbst aufbaut in der Liebe« (Eph 4,15-16).

Dieses Bild vom Leib verdeutlicht, wie die verschiedenen Glieder des Leibes ihre jeweiligen Aufgaben erfüllen und jedes Glied mit den anderen zusammenwirkt, damit der Leib wächst. Über die mannigfaltige Funktion verschiedener Glieder des Leibes hinaus aber ist allen gemein, dass sie »die Wahrheit reden in Liebe«. Das kann man auf verschiedene Weise, unter verschiedenen Umständen und unterschiedlich effektiv tun, aber grundsätzlich wächst der Leib durch die Methode, dass alle seine Glieder »die Wahrheit reden in Liebe«.

Ein ähnliches Bild finden wir in Epheser 5,18-19. Dort ermahnt Paulus die Gläubigen, sich nicht an Wein zu berauschen, sondern »voll Geistes« zu werden. Das führt dazu, dass sie »zueinander mit Psalmen, Lobgesängen und geistlichen Liedern« reden, was im Gegensatz zu der Art zu reden und zu singen steht, die üblicherweise aus übermäßigem Weingenuss folgt. Das Wirken des innewohnenden Geistes führt dazu, dass sie auf geistliche Weise zueinander reden – in diesem Fall durch Gesang.

Aber das geschieht nicht nur durch Singen. Einige Verse weiter werden die Väter ermahnt, ihre Kinder »in der Zucht und Ermahnung des Herrn« (6,4) zu erziehen. Die Unterweisung innerhalb der Familie ist ein entscheidender Dienst am Wort, den alle Väter (und Mütter) ausüben. Für den Ältestendienst wird (in 1. Timotheus 3 und Titus 1) vorausgesetzt, dass ein gottgefälliges Familienoberhaupt seine Familie im Wort Gottes unterrichtet.

Um etwas Ähnliches geht es in Kolosser 3: »Lasst das Wort Christi reichlich unter euch wohnen; belehrt und ermahnt einander in aller Weisheit und singt Gott mit Psalmen, Lobgesängen und geistlichen Liedern, voller Dankbarkeit in euren Herzen« (Kol 3,16). Hier ist es nicht der Geist, der reichlich unter (bzw. in) ihnen wohnt, sondern das Wort Christi; das Ergebnis aber ist dasselbe – was uns nicht überraschen sollte! Dann fährt Paulus

Ist jeder Christ Mitarbeiter am Weinstock?

mit der Aufforderung fort, zueinander zu reden – in diesem Fall einander zu lehren und zu ermahnen. Von der Grammatik her ist es schwierig zu entscheiden, ob das Lehren und Ermahnen durch das Singen erfolgt oder durch eine andere Auswirkung dessen, dass das Wort reichlich unter ihnen wohnt. Das macht auch keinen Unterschied. Hier geht es einfach darum, dass die Kolosser einander lehren und ermahnen sollen.

Römer 15,14 setzt ebenfalls voraus, dass Christen einander lehren und unterweisen: »Ich bin aber, meine Brüder, auch selbst im Blick auf euch überzeugt, dass auch ihr selbst voller Güte seid, erfüllt mit aller Erkenntnis, fähig, auch einander zu ermahnen.«

Der Hebräerbrief trifft zweimal dieselbe Aussage. Zuerst heißt es in Kapitel 3:

> Habt acht, ihr Brüder, dass nicht in einem von euch ein böses, ungläubiges Herz sei, das im Begriff ist, von dem lebendigen Gott abzufallen! Ermahnt einander vielmehr jeden Tag, solange es »Heute« heißt, damit nicht jemand unter euch verstockt wird durch den Betrug der Sünde! (Hebr 3,12-13)

Das kann nur heißen: ==Gott will, dass alle Christen sich regelmäßig über sein Wort austauschen und sich so ermahnen und ermutigen, an Christus festzuhalten.== Eine sehr ähnliche Aussage steht in Kapitel 10 in einem der wenigen Verse im Neuen Testament, die Christen sagen, dass sie »zur Gemeinde gehen« sollen:

> Und lasst uns auch aufeinander achtgeben, um uns gegenseitig zur Liebe und zu guten Werken anzuregen, indem wir unsere Zusammenkünfte nicht versäumen, wie das bei etlichen Gewohnheit ist, sondern uns gegenseitig ermuntern, und zwar um so mehr, als ihr den Tag (der Wiederkunft Jesu) schon nahen seht. (Hebr 10,24-25)

Ein Hauptzweck der Zusammenkünfte ist demnach die gegenseitige Ermutigung, d. h. dass wir einander zur Liebe und zu guten Werken anspornen, während wir auf den Tag Christi warten. ==Das kann ja wohl kaum geschehen, ohne dass wir unseren Mund öffnen und zueinander reden.==

Doch von allen Stellen im Neuen Testament über den Dienst der Wenigen und der Vielen findet sich die klarste und hilfreichste in Paulus' 1. Brief an die vielfältig begabten, aber arroganten, gespaltenen und für Sünde anfälligen Korinther.

Nun hatten die Korinther ein durchaus ernstes Problem, und zwar sowohl damit, wie Leiterschaft aussieht, als auch damit, wie jedes Gemeindeglied zur Erbauung der Gemeinde beitragen kann. Beides war ihnen sehr wichtig: Sie verehrten verschiedene Führungspersonen, sodass es in der Gemeinde zu Spaltungen kam, je nachdem welchem Leiter man folgte; und sehr wichtig nahmen sie auch sich selbst und ihre Geistesgaben, so dass ihre Versammlungen zu einem grotesken Schauplatz der Selbstdarstellung wurden, wobei jeder mehr im Blick hatte, »seine Gabe« auszuüben, statt andere wirklich zu ermutigen.

Die Frage der Leiterschaft behandelt Paulus in 1. Korinther 1-4. Seine Botschaft lautet im Kern: Das Evangelium vom gekreuzigten Christus liefert uns das Vorbild für christliche Leiterschaft im geistlichen Dienst. Sie ist ein Dienst, der scheinbar in Schwachheit und Torheit ausgeübt wird und doch durch Gottes Geist Errettung wirkt. Paulus und Apollos sind nur Arbeiter auf Gottes Acker. Gott ist es, der das Wachstum schenkt, und darum ist jede Parteinahme für verschiedene Führungspersonen absurd.

In den Kapiteln 11-14 geht Paulus auf das Verhalten der Korinther bei ihren Gemeindeversammlungen ein und auf die Beteiligung der Gläubigen am Gottesdienst. Viele Details dieser Kapitel wurden in der Kirchengeschichte bis heute ausgiebig debattiert (etwa was es mit Wundergaben und dem Zungenreden auf sich hat, ganz zu schweigen von den Vorschriften zur Kopfbedeckung in Kapitel 11 und zur Rolle der Frau). Was jedoch unsere Untersuchung zum »Dienst der Vielen« betrifft, sind die Hauptaussagen klar und können wie folgt zusammengefasst werden:

- Kapitel 11 thematisiert die Beteiligung von Männern und Frauen bei der Gemeindeversammlung durch Gebet und Weissagung.[2]
- Kapitel 12 betont, dass es zwar eine Vielzahl von Gaben und Diensten gibt, wir alle aber in Jesus Christus Glieder eines einzigen Leibes sind.
- Kapitel 13 nennt das einzige Kriterium, an dem die Ausübung dieser Gaben zu messen ist: Liebe. Jeder Christ trägt seinen Teil bei – nicht zur Selbsterbauung, sondern zur Erbauung der anderen.

Kapitel 14 zieht die Schlussfolgerung: Wir sollen besonders die Gaben anstreben und ausüben, die anderen am meisten nützen – die Gaben, die die Gemeinde erbauen. Die Weissagung erhält dabei die Bestnote (besser als z. B. die Zungenrede), weil sie aus verständlichen, erbaulichen Worten besteht.

Die Zusammenfassung liefert 1. Korinther 14,26:

Was ist nun, Brüder? Wenn ihr zusammenkommt, so hat jeder einen Psalm, hat eine Lehre, hat eine Offenbarung, hat eine Sprachenrede, hat eine Auslegung; alles geschehe zur Erbauung.

Es lohnt sich, diese Kapitel sorgfältig zu lesen, weil sie sehr schön erfassen, wie einzigartig und mannigfaltig die Dienste aller Gemeindeglieder sind. Wir sind nicht alle gleich. Nicht jeder ist ein »Lehrer« oder ein »Prophet«; und die Art und Wei-

---

[2] Wir können hier nicht detailliert auf die (oft umstrittene) Frage eingehen, welchen Dienst Männer und Frauen in der Gemeinde tun sollen. So viel jedoch sei gesagt: Das Neue Testament hat nicht nur im Blick, dass alle Christen in den »Dienst am Wort« einbezogen werden, während es zugleich Pastoren, Lehrern und Ältesten eine einzigartige Führungsrolle vorbehält; es kennt auch für Frauen in der Gemeinde eine bestimmte Art vom Dienst am Wort (z. B. 1Kor 11,4-5), behält Männern aber eine einzigartige öffentliche Lehr- und Leitungsrolle vor (vgl. 1Kor 14,33-35; 1Tim 2,11-12).

se, wie wir zur Ermutigung und Erbauung der versammelten Gemeinde beitragen, ist je nach Begabung von Gott verschieden. Jeder aber sollte dasselbe Ziel erstreben: die Gemeinde in Liebe zu erbauen. Und diese Erbauung geschieht verbal – durch verständliche Rede –, sei es ein Wort der Ermahnung, ein Lied, eine Offenbarung, eine Zungenrede mit Auslegung oder eine Weissagung.

Wir bauen (erbauen) auf unterschiedliche Weise, aber wir alle sind Bauarbeiter. Wir haben nicht alle dieselbe Aufgabe, aber uns allen gilt die Aufforderung: Seid »allezeit überreich in dem Werk des Herrn, da ihr wisst, dass eure Mühe im Herrn nicht vergeblich ist« (1Kor 15,58). Interessanterweise benutzt Paulus einige Verse später genau denselben Ausdruck, um seinen und Timotheus' Dienst zu beschreiben: »Wenn aber Timotheus kommt, so seht zu, dass er ohne Furcht bei euch sei! Denn er arbeitet am *Werk des Herrn wie auch ich*« (1Kor 16,10).

Weil alle Christen Jünger Jesu und mit dem Heiligen Geist des Neuen Bundes erfüllt sind, haben sie alle das Vorrecht, die Freude und die Verantwortung, an dem Werk teilzuhaben, das Gott in unserer Welt tut – dem »Werk des Herrn«. Und das geschieht grundsätzlich dadurch, dass wir anderen Menschen in Abhängigkeit vom Heiligen Geist die Wahrheit Gottes sagen.

»Jeder Christ ein Evangelist«?

Die meisten Bibelstellen, die wir in den Lehrbriefen betrachtet haben, sprechen davon, dass Christen sich untereinander Gottes Wort sagen. Was aber ist damit, das Wort zu Nichtchristen zu sagen?

Es überrascht ein wenig, dass das Neue Testament gewöhnliche Gläubige nur relativ selten auffordert, Nichtchristen das Evangelium zu verkündigen. Theologen und Missiologen haben schon viele Debatten darüber geführt, was der Grund dafür sein könnte. Eine mögliche Antwort liegt in der Tatsache, dass sich das

Evangelium schier unaufhaltsam von einer Gegend zur nächsten ausbreitete, mit Macht in die Gesellschaft des 1. Jahrhunderts eindrang, Einzelne rettete und christliche Gemeinschaften bildete. Die ersten Christen waren zwangsläufig so sehr in diese dynamische, vom Geist Gottes inspirierte Bewegung involviert, dass »Evangelisation« geradezu unvermeidlich für sie war, ohne dass sie es bewusst wollten. Wenn man als neubekehrter Christ wagte – egal ob zuvor Jude, gottesfürchtiger Nichtjude oder völliger Heide –, seinen Kopf zu hoch aus der Deckung zu strecken, lief man Gefahr, ihn zu verlieren. Das Mindeste aber war, dass man aufgefordert wurde, den Grund seiner neuen Hoffnung zu erklären (vgl. 1Petr 3,13-16).

Die Neubekehrten in Thessalonich lieferten ein Beispiel dafür. Das Evangelium war ihnen »nicht nur mit Worten verkündet« worden, »sondern auch mit Macht und ... voller Gewissheit« (1Thes 1,5). Sie waren Nachahmer von Paulus und dem Herrn Jesus geworden – in dem Sinn, dass sie die Botschaft der Wahrheit trotz Verfolgung mit einer Freude aufgenommen hatten, die ihnen vom Heiligen Geist gegeben war. Und da überrascht es nicht, dass diese Neubekehrten Missionare wurden, ohne einer Missionsgesellschaft beizutreten:

> Und ihr seid unserem Beispiel gefolgt und dem des Herrn und habt das Wort aufgenommen in großer Bedrängnis mit Freuden im Heiligen Geist, sodass ihr ein Vorbild geworden seid für alle Gläubigen in Mazedonien und Achaja. Denn von euch aus ist das Wort des Herrn erschollen – nicht allein in Mazedonien und Achaja, sondern an allen Orten ist euer Glaube an Gott bekannt geworden, sodass wir es nicht nötig haben, etwas darüber zu sagen. Denn sie selbst berichten von uns, welchen Eingang wir bei euch gefunden haben und wie ihr euch bekehrt habt zu Gott von den Abgöttern, dem lebendigen und wahren Gott zu dienen und auf seinen Sohn vom Himmel zu warten, den er von den Toten auferweckt hat, Jesus, der uns von dem zukünftigen Zorn errettet. (1Thes 1,6-10)

Kapitel 4

Das Evangelium hatte ihre Weltsicht derart verwandelt und der Heilige Geist sie derart belebt, dass das Wort des Herrn von den Thessalonichern aus »erschollen« war – sowohl in der näheren als auch in der weiteren Umgebung. Das griechische Wort für »erschollen« (*exechéō*) besagt bildlich, dass Gottes Wort von ihnen aus erklungen ist wie der Schall einer klingenden Glocke. Sie konnten die Botschaft nicht für sich behalten, auch wenn ihre sozialen Beziehungen dadurch belastet wurden. Überall hörte Paulus, wie die Thessalonicher das Evangelium angenommen und sich dem lebendigen und wahren Gott zugewandt hatten.

Manche Ausleger können sich nicht vorstellen, dass diese neubekehrten Christen sich missionarisch engagiert haben, und behaupten daher, hier sei gemeint, dass ihre Bekehrung sich einfach weit herumgesprochen hatte. Aber das sagt der Text nicht; es war das Wort des Herrn selbst, das von ihnen aus erschollen war. Wie könnte die »Kunde davon erklungen« sein, ohne dass der Inhalt des Evangeliums dabei nicht ebenso vermittelt worden wäre?

Was ich damit sagen will: Es war unausweichlich und ganz natürlich, dass diese Neubekehrten, deren Glaubens- und Gesellschaftsleben auf den Kopf gestellt worden war, anderen von dem Evangelium berichteten, das sie verwandelt hatte. Man hätte ihnen gar nicht *befehlen* müssen zu evangelisieren. Wie hätten sie es vermeiden können zu erklären, was mit ihnen geschehen war, sei es auf dem Fleischmarkt oder auf einer Abendgesellschaft?

Das führt uns zu einer der wichtigsten Stellen zum Thema:

> Mögt ihr nun essen oder trinken oder sonst etwas tun, tut alles zur Ehre Gottes! Gebt weder den Juden noch den Griechen noch der Gemeinde Gottes einen Anstoß, wie auch ich allen in jeder Hinsicht zu Gefallen lebe, indem ich nicht meinen Vorteil suche, sondern den der Vielen, damit sie gerettet werden. Nehmt mich zum Vorbild, gleichwie ich meinerseits dem Vorbild Christi nachfolge! (1Kor 10,31 – 11,1)

Ist jeder Christ Mitarbeiter am Weinstock?

Wenn man im Korinth des 1. Jahrhunderts Christ wurde, geriet man in eine gesellschaftliche Zwickmühle: An welchen Abendgesellschaften konnte man noch teilnehmen und (wenn man daran teilnahm) was durfte man dort essen? Anders als in unserer modernen westlichen Gesellschaft (aber sicher ähnlich wie in anderen Kulturen der heutigen Welt) sind Essgewohnheiten und Religion untrennbar miteinander verknüpft. Was also sollten neubekehrte Christen tun, wenn ihnen Fleisch angeboten wurde, das vorher den Götzen geopfert worden war (1Kor 8,1)? Der »schwache« Bruder hielt es für sündig, es zu essen (8,7-8). Paulus zeigt auf, dass er frei ist, Götzenopferfleisch zu essen, weil es nur einen einzigen Gott und Herrn gibt; aber er verzichtet auf seine Freiheit, wenn er dadurch anderen zum Stolperstein würde (8,4-13).

Die Ausübung unserer christlichen Freiheit ist das Hauptthema dieser Kapitel. Paulus weiß, dass er »allen gegenüber frei« ist, aber er macht sich absichtlich »allen zum Sklaven« – seien es Juden, Heiden oder »schwache« Christen (1Kor 9,19-23). Und warum beschneidet er seine Freiheit und verzichtet auf sein Recht? Um »so viele wie möglich« zu gewinnen (V. 19), »um auf jeden Fall einige zu retten« (V. 22), »um des Evangeliums willen« (V. 23). Er war gesellschaftlich flexibel, um andere zu retten.

Es ist sehr erstaunlich, dass Paulus ganz gewöhnliche Gläubige in Korinth auffordert, ihn nachzuahmen, so wie er Christus nachahmt. Und damit ist kein Nachahmen in einem allgemeinen Sinn gemeint, sondern mit dem konkreten Ziel, *aktiv die Rettung anderer zu suchen*. Sie sollten nicht ihren eigenen Vorteil suchen, »sondern den der Vielen, damit sie gerettet werden« (10,33). Bei Entscheidungen über Essen und Trinken ist – wie auch in allen anderen Fragen – die Verherrlichung Gottes das Ziel (V. 31). Sie durften für niemanden Anlass zum Anstoß am christlichen Glauben geben, sei er Jude, Heide oder ein (schwacher) Bruder in der Gemeinde Gottes (V. 32). Die Korinther hatten zwar eine andere missionarische Verantwortung und Tätigkeit als Paulus, doch mussten sie ihr Leben nach demselben Maßstab ausrichten.

Kapitel 4

Ihr ganzes Lebensziel sollte die Verherrlichung Gottes durch die Rettung von Menschen sein.

Ein Christ, dessen Herz nicht für die Mission schlägt, ist eine Anomalität. Eine missionarische Gesinnung zeigt sich auf vielerlei Weise: wenn wir für die Verlorenen beten, wenn wir uns bemühen, niemand Anstoß zu geben, wenn wir unsere Gespräche im Freundeskreis versuchen auf das Thema des Evangeliums zu lenken, und wenn wir uns jede erdenkliche Mühe geben, um wenigstens einige zu retten. Wir sind rechtlose Sklaven, obwohl wir frei sind (vgl. 2Kor 4,5; Phil 2,7).

Es gibt noch weitere wichtige Bibelstellen zur missionarischen Gesinnung und Aktivität ganz normaler Jünger.

Jünger sind zu einem besonderen, »salzigen« Lebensstil berufen, der sich durch gute Taten und Gerechtigkeit auszeichnet. Wenn wir so leben, scheinen wir als Licht in der Welt und bewirken, dass nicht uns das Lob zuteilwird, sondern unserem Gott und Vater (Mt 5,13-16). Wir sind berufen, dafür zu beten, dass das Evangelium freimütig in der Welt verkündigt wird (Kol 4,2-4). Wenn wir mit Außenstehenden reden, dann gütig und zugleich provokant, indem wir auf die Fragen, die unser Lebenswandel aufwirft, angemessen antworten (Kol 4,5-6). Die gesunde Lehre des Evangeliums bewirkt einen radikal christlichen Lebenswandel, der keinen Anlass für üble Nachrede gibt und der der Welt das Evangelium schmackhaft macht (Titus 2,1-10). Wie Gottes auserwähltes Volk Israel sollen auch Christen sowohl im gemeindlichen wie auch im persönlichen Rahmen Gott den Heiden bekanntmachen, indem sie mit dem Evangelium seine Ruhmestaten verkünden und ein heiliges Leben führen (1Petr 2,9-12; 3,1-2). Selbst inmitten von Verfolgung sollen Gläubige sich der Herrschaft Christi unterwerfen und ihre christliche Hoffnung in Sanftmut verteidigen (1Petr 3,15).

Wir müssen daraus schließen: Ein Christ ohne Herz für die Verlorenen hat es dringend nötig, sich selbst zu prüfen und Buße zu tun. Sogar Atheisten haben das festgestellt. Penn Jillette ist ein bekannter und bekennender Atheist und die eine Hälfte des berühmten Trickkünstler-Duos Penn & Teller. Nachdem ihm ein freundlicher und beeindruckender Mann eine Gideon-Bibel angeboten hatte, musste er Folgendes darüber sagen:

> Wisst ihr, ich habe schon immer gesagt, dass ich Leute nicht respektieren kann, die nicht missionieren. Ich kann das überhaupt nicht respektieren. Wenn du glaubst, dass es einen Himmel und eine Hölle gibt und dass Menschen zur Hölle fahren können oder das ewige Leben nicht bekommen oder was auch immer, und du meinst: »Na ja, es ist eigentlich nicht der Mühe wert, ihnen das zu sagen, weil das jetzt gesellschaftlich unpassend wäre …« – Wie sehr musst du jemanden hassen, um ihn nicht zu missionieren? Wie sehr musst du jemanden hassen, wenn du glaubst, dass er das ewige Leben bekommen könnte, du es ihm aber nicht sagst? Ich meine, wenn mir sonnenklar wäre, dass ein Lkw auf dich zufährt und du mir das nicht glaubst, und wenn dieser Lkw immer näher auf dich zurast, dann kommt irgendwann der Punkt, an dem ich dich von der Straße reiße. Und hierbei geht es um etwas Wichtigeres als das …³

Jederzeit, auf jede Weise, zu jedermann

Das Neue Testament geht davon aus, dass alle Christen und Jünger beten und Gottes Wort weitersagen – auf vielerlei verschiedene Weisen und unter verschiedenen Umständen.

In all diesen Umständen ist die Botschaft inhaltlich immer dieselbe. ==Es ist nicht so, dass wir Christus durch das Evangelium kennenlernen, dann aber eine grundverschiedene Botschaft benutzen, um einander als Christen zu ermutigen.== Das »Wort

---

3 http://www.youtube.com/watch?v=fa9JE_ZVL88 (dieses Video war bei Drucklegung dieser Auflag gesperrt, alternativ: http://www.youtube.com/watch?v=6md638smQd8)

Gottes« – die Botschaft, die er in und durch Christus mittels seines Geistes offenbart hat – ist das, was uns bekehrt hat, und sie ist auch das, was uns wachsen lässt und geistliche Frucht hervorbringt. Der Weinstock wächst – sowohl an Größe und Zahl, als auch an Qualität und Reife –, durch das vom Heiligen Geist inspirierte Wort, die lebendige und wirksame Wahrheit Gottes, die an Menschenherzen wirkt.

Das geschieht bei unseren Versammlungen, aber auch Tag für Tag, wenn Christen einander die Wahrheit sagen und sich gegenseitig ermahnen, stark zu bleiben (Eph 4,25; Hebr 3,13). Es geschieht daheim, wenn Väter ihre Kinder in der Zucht und Ermahnung des Herrn erziehen (Eph 6,4). Es geschieht in der Welt, wenn wir die Ruhmestaten Christi den Heiden verkünden (1Petr 2,9), freundliche, aber mit Salz gewürzte Gespräche mit Außenstehenden führen (Kol 4,5-6) oder sanftmütige, respektvolle Antworten auf Fragen über die christliche Hoffnung geben (1Petr 3,15-16).

Halten wir hier kurz inne und überlegen, was das ganz praktisch bedeutet. Mir fallen zehn Möglichkeiten ein, wie jeder Christ jemandem im Namen Christi »die Wahrheit in Liebe sagen« und so an Gottes großartigem Werk in dieser Welt teilhaben kann:

- Gottfrieds Kollege Peter fragt ihn, was er am Wochenende gemacht hat. Gottfried antwortet, dass er in der Gemeinde eine hervorragende Predigt gehört hat, durch die ihm besonders klar wurde, was wirklich in der Welt verkehrt läuft. Als Peter ihn bittet, das näher zu erklären, zeigt Gottfried ihm auf, wie die Sünde und Gottes Gericht die Probleme auf der Welt erklären. Gottfried betet beständig dafür, dass er weiterhin solche Gelegenheiten zum Gespräch mit Peter bekommt und dass Gottfrieds Herz für das Evangelium empfänglich wird.
- Saras Sohn ist im Teenageralter und hat echte Probleme in der Schule. Als sie abends darüber reden, versichert Sara ihm, dass Gott stärker und treuer ist als jeder menschliche Freund, und sie betet mit ihm.

Ist jeder Christ Mitarbeiter am Weinstock?

- Bill unterhält sich nach dem Gottesdienst mit George und sagt ihm, wie eine bestimmte Bibelstelle, die er gerade gelesen hat, ihm Mut gemacht hat.
- Michael trifft sich alle zwei Wochen persönlich mit Steven zum Frühstück, der kürzlich erst Christ geworden ist. Sie nehmen dabei den Bibelkurs *Grundlagen des Glaubens* durch, der die Basics des Lebens als Christ vermittelt.
- Heidi macht sich Sorgen um ihre Freundin Debbie, die unter Angstzuständen leidet und oft im Gottesdienst fehlt. Heidi schreibt ihr eine E-Mail. Darin spricht sie ihr Mut zu, zitiert einige Bibelverse und bietet ihr an, sich mit ihr zum Gebet zu treffen.
- James nimmt jede Woche mit sechs anderen Teilnehmern an einem Hausbibelkreis bei Jim teil. James achtet darauf, dass er immer gut vorbereitet hingeht und er betet, dass Gott ihm hilft, im Hauskreis nur etwas zu sagen, was wahr und ermutigend ist.
- Irene ist im vorgerückten Alter. Es fällt ihr schwer, aus dem Haus zu gehen, aber sie telefoniert alle zwei Tage mit ihrer Freundin Johanna, spricht mit ihr über die Bibelstelle, die sie am Morgen gelesen hat, und betet mit ihr am Telefon.
- Klara betet schon viele Monate lang für ihre Freundin Susann. Schließlich lädt sie sie zu einem evangelistischen Abend in ihrer Gemeinde ein. Als sie zusammen nach Hause fahren, spricht Klara mit Susann über die Botschaft und bemüht sich, Susanns Fragen zu beantworten.
- Trevor stellt seinen Dienstplan um, damit er sich am Mittwochvormittag frei nehmen kann, um in der Grundschule an seinem Wohnort Bibelunterricht zu geben. Er und seine Frau verrichten diese Arbeit viele Jahre lang und üben einen enormen Einfluss auf die Kinder und Lehrer an ihrer örtlichen Schule aus.
- In Philips Gemeinde ist es üblich, dass im Sonntagsgottesdienst ein Gemeindeglied ein kurzes Zeugnis gibt oder der Gemeinde ein kurzes, ermutigendes Wort sagt. An diesem

Kapitel 4

> Sonntag ist Philip an der Reihe. Er berichtet, wie das, was Epheser 5 lehrt, seine Ehe verbessert hat.

Die Namen und Details wurden verändert, aber das sind alles reale Beispiele, wie Christen unter Gebet anderen Menschen die Wahrheit Gottes gebracht haben. Das kann daheim geschehen, bei der Arbeit, am Gartenzaun, in der Gemeinde, in kleinen Gruppen, im Café – überall! Doch es ist entscheidend, *dass* es geschieht, denn das ist das »Werk des Herrn«. So wird der Missionsbefehl in die Tat umgesetzt; das ist die Arbeit am Weinstock, in die alle Christen sich einbringen können und sollen.

Wer es lieber systematisch mag, dem bieten wir hier eine andere Möglichkeit zu betrachten, auf welch verschiedene Weisen Christen sich einbringen können, anderen Menschen unter Gebet das Wort Gottes weiterzugeben. Wir alle leben in drei Sphären oder Lebensbereichen: unsere Familie bzw. unser Zuhause; unser Miteinander mit Freunden, Kollegen, Nachbarn und dem weiteren Umfeld; und schließlich die Gemeinschaft mit Gottes Kindern in unseren Gemeinden. Wie können wir die Botschaft des Wortes Gottes im jeweiligen Bereich weitergeben? Siehe dazu die Tabelle auf der rechten Seite.

Wenn man so will, kann man das, was wir brauchen, auch als *Bibellese-Bewegung* bezeichnen: in Familien, Gemeinden, in der Nachbarschaft, am Arbeitsplatz – überall sollte die Bibel gelesen werden! Stellen Sie sich vor, alle Christen würden sich als ganz normalen Bestandteil ihrer Jüngerschaft in einem Netz regelmäßigen Bibellesens engagieren – also das Wort Gottes nicht nur für sich selbst studieren, sondern es auch ihren Kindern vor dem Schlafengehen vorlesen, es mit ihrem Ehepartner beim Frühstück lesen, es mit einem nicht gläubigen Kollegen am Arbeitsplatz einmal pro Woche beim Mittagessen lesen, es in der Nacharbeit mit einem Neubekehrten alle zwei Wochen zur gegenseitigen Ermutigung lesen und es mit einem im Glauben reifen christlichen Freund einmal pro Monat zur gegenseitigen Ermutigung lesen.

Ist jeder Christ Mitarbeiter am Weinstock?

	Zuhause	Gemeinde	Gesellschaft
im persönlichen Rahmen	• mit Kindern die Bibel lesen und beten • mit dem Ehepartner die Bibel lesen und beten • Briefe an Angehörige schreiben • die Bibel in Alltagsgesprächen zitieren und anwenden	• um einen Neubekehrten kümmern (Bibelgrundkurs etc.) • mit jemandem im privaten Rahmen die Bibel lesen und beten • Persönliche Gespräche vor und nach dem Gottesdienst • neuen Gemeindemitgliedern und Gästen nachgehen	• Menschen zu evangelistischen Veranstaltungen einladen • Bücher, Traktate und Predigten weitergeben • von seiner eigenen Bekehrung Zeugnis geben • Evangelisation von Haus zu Haus • Freundschafts-Evangelisation • Alltagsgespräche (die typischen Fragen beantworten)
in kleineren Gruppen	• in der Familie die Bibel lesen und beten	• in einer Kleingruppe zu Gebet und Bibelstudium treffen • eine Sonntagsschul- oder Jugendgruppe unterrichten • Männer-und Frauengruppen leiten uvm.	• Evangelisation in Kleingruppen (Glaubenskurse usw.) • Religions- oder Bibelunterricht an Schulen erteilen
im größeren Rahmen	• Christliche Beiträge zu Geburtstags- und anderen Familienfeiern liefern (z.B. einen Bibelvers weitergeben und beten)	• gelegentliche Predigtdienste • Zeugnis geben bzw. ermutigen • den Gesang leiten • aus der Bibel vorlesen	• einen evangelistischen Kurzvortrag halten oder Zeugnis geben (z.B. bei einem Männerfrühstück)

Das wäre ein lebendiges Netz von persönlichen Beziehungen, Gebet und Bibellesen – mehr eine Bewegung als ein Programm –, aber auf einer anderen Ebene wäre es überaus einfach und für jeden leicht umsetzbar.

Was für ein begeisternder Gedanke! Und er ist nicht einmal eine umstrittene oder ausgefallene Idee. Die meisten Pastoren würden es liebend gerne sehen, wenn sich ihre Gemeinde in einen solchen alltäglichen biblischen Dienst einbringen würde.

Kapitel 4

Wer würde schon etwas dagegen sagen?

Wenn wir allerdings kurz innehalten, um darüber nachzudenken, welche Konsequenzen diese Vision von der Beteiligung jedes Christen an der Weinstockarbeit hat, stellt das viele unserer geliebten Vorstellungen von Gemeinde, geistlichem Dienst, Evangelisation und Gemeindeleben in Frage.

Zunächst einmal löst diese Sichtweise viele traditionelle Unterscheidungen zwischen »Geistlichen« und »Laien« radikal auf. Viele Christen dienen in einem Gemeindeumfeld, wo man unausgesprochen (oder sogar ausdrücklich!) voraussetzt, es sei Aufgabe des Pastors, die Gemeinde zu erbauen, und Aufgabe der Gemeindeglieder sei es, diesen Dienst anzunehmen und zu unterstützen, indem sie sich in einer Reihe von Arbeiten und Aufgaben einbringen – z. B. die Kollekte zählen, den Pausenkuchen backen, als Platzanweiser dienen, einen Platz im Vorstand besetzen usw. In diesem Modell erledigt tatsächlich nur der Pastor (oder das Ältestenteam) die Arbeit am Weinstock, während der Rest der Gemeinde tut, was er kann, um das Spalier instand zu halten, nicht zuletzt durch finanzielle Beiträge.

Das neutestamentliche Modell des geistlichen Dienstes ist ein ganz anderes. Die Hirten und Ältesten haben durchaus die Führung bei der Weinstockarbeit (in Gebet und Verkündigung, Apg 6,4) und sind dafür verantwortlich, das Wort Gottes zu bewahren und zu lehren und dafür, dass der »Goldstandard« gesunder Lehre beibehalten wird. Unter anderem führt diese Arbeit jedoch dazu, dass die Gemeindeglieder dafür zugerüstet und ausgesandt werden, selbst Weinstockarbeit zu leisten. Wir sahen bereits, dass der Dienst der Hirten und Lehrer nach Epheser 4 bewirken soll, dass die ganze Gemeinde »zueinander die Wahrheit in Liebe redet«. Zu diesem Punkt bekommen wir auch im Titusbrief einen kurzen, aber interessanten Einblick. Demnach muss ein Ältester »sich an das zuverlässige Wort Gottes halten, wie er es gelehrt worden ist. Dann wird er in der Lage sein, die Gläubigen mit der gesunden Lehre zu ermahnen und die Gegner zu widerlegen« (Tit 1,9 nach der NEÜ). Das Lehren dieser gesunden Lehre hat unter anderem zur Folge, dass die Gemeinde weiß, wie sie einander ermutigen und unterweisen kann – so wie die in Titus 2,3-4 genannten älteren Frauen: Sie sollen »die jungen Frauen unterweisen, ihre Männer zu lieben, ihre Kinder zu lieben …« usw.

Anders ausgedrückt: Wir alle sollen uns im »Werk des Herrn« (1Kor 15,58) einbringen. Wir alle tragen unseren Anteil dazu bei, dass der Weinstock wächst, indem wir unter Gebet das Wort Gottes weitersagen, wann immer und wie auch immer es uns möglich ist. Martin Luther hat das mit der für ihn typischen Schärfe auf den Punkt gebracht:

> … der Dienst am Wort sei allen gemeinsam. Aber Binden und Lösen ist schlechterdings nichts anderes als das Evangelium predigen und anwenden. Was nämlich heißt Lösen, wenn nicht die Vergebung der Sünden vor Gott zu verkündigen? Was heißt Binden, wenn nicht das Evangelium wegzunehmen und zu erklären, dass die Sünden beibehalten sind? Deshalb, ob sie [die röm.-kath. Kirche] wollen oder nicht: Die Schlüssel [von Mt 16,19] sind allen gemein, da sie die praktische Ausübung des Dienstes am Wortes sind.[4]

Klingt das zu extrem? Oder zu schwer für Christen in unserem Bekanntenkreis, die ohnehin schon zu viele Lasten und Sorgen haben? Oder einfach nur zu hart, um Menschen davon zu überzeugen?

Wir müssen noch weiter über das Wesen des normalen Christenlebens nachdenken.

---

[4] Martin Luther, *De instituendis ministris Ecclesiaes*. Übersetzt von Renate und Rainer Preul: »Wie man Diener der Kirche einsetzen soll«, in Martin Luther, *Lateinisch-Deutsche Studienausgabe Band 3* (Leipzig, Ev. Verlagsanstalt 2009), S. 615 (WA 12, 160-196). Die Erwähnung der »Schlüssel« wie auch das gesamte Zitat beziehen sich auf Matthäus 16,19: »Ich will dir die Schlüssel des Himmelreichs geben: Alles, was du auf Erden binden wirst, soll auch im Himmel gebunden sein, und alles, was du auf Erden lösen wirst, soll auch im Himmel gelöst sein.«

5

Schuldigkeit oder Gnadengabe?

Wie wir gezeigt haben, sind alle Christen Weinstockarbeiter,[1] alle bringen sich im »Werk des Herrn« ein. In den nachfolgenden Kapiteln werden wir untersuchen, inwiefern Pastoren und Gemeindeleiter eine entscheidende Rolle dabei spielen, ihre Gemeindeglieder zu trainieren und zu ermutigen, Mitarbeiter in diesem Werk zu sein. Bevor wir allerdings dazu kommen, lohnt es sich, kurz auf eine Reihe häufiger Einwände einzugehen.

»Stimmt es wirklich«, fragt man uns oft, »dass zum normalen Christenleben auch das Jüngermachen gehört? Was ist mit denen, die gerade noch so am Glauben an Christus festhalten können? Sollen wir ihnen etwa ein schlechtes Gewissen einreden, weil sie nicht losziehen, um das Evangelium weiterzusagen oder jemanden im Glauben ermutigen oder ›im Dienst unterweisen‹? Bewirken wir dadurch nicht, dass der ganz normale Christ, der sich abmüht, Schuldgefühle bekommt? Oder schlimmer noch: Laufen wir nicht Gefahr, eine neue Art von Gesetzlichkeit zu schaffen, bei der die ›Beteiligung am Jüngermachen‹ zum Maßstab dafür wird, das Wohlgefallen seines Pastors zu erlangen – oder gar Gottes Wohlgefallen? Enden wir dann nicht bei einem Zwei-Klassen-Christentum: die ›Eifrigen‹ und der Rest?«

Das sind berechtigte und wichtige Fragen; und im Grunde genommen laufen sie auf die eine Frage hinaus, worin eigentlich

---

[1] Also »Winzer« oder »Weingärtner«, was eigentlich die richtigen Begriffe für »Weinstockarbeiter« wären. Aber um die Mühe und vor allem das konkrete Objekt der Tätigkeit auszudrücken (Winzer arbeiten auch am Spalier; hier geht es aber um die spezielle Beschäftigung mit dem Weinstock), sagen wir lieber »Weinstockarbeiter« (Anm. des Übersetzers).

das normale Christenleben besteht. Nichts kann das besser beantworten als eine Stelle aus dem außergewöhnlichen Brief, den Paulus aus dem Gefängnis an die Philipper schrieb.

Partner im Evangelium der Gnade

Paulus schrieb seinen Brief an die Christen in Philippi, während er die »Gastfreundschaft« der römischen Obrigkeit genoss. Weil er es gewagt hatte zu verkünden, dass Christus der wahre König ist (und demnach nicht der Kaiser), saß Paulus im Gefängnis, wahrscheinlich in Rom, und stand ernsthaft in Gefahr, hingerichtet zu werden (1,13-14.21).

Wie würden Sie reagieren, wenn Ihr Pastor inhaftiert würde, weil er Christus als den einzig wahren Gott verkündigt hat? Würden Sie ihn vielleicht verleugnen – aus Verlegenheit, Scham oder in Anbetracht möglicher Verluste? Wenn jemand Ihnen auf den Zahn fühlen würde, könnten Sie dann vielleicht sagen: »Ach, ich kenne den Pastor eigentlich gar nicht so gut. Ich war nur ein paarmal in seiner Gemeinde. Ich habe ihn schon immer für ein wenig extrem gehalten«?

Oder würden Sie stark genug sein, ihm treu beizustehen: ihm Geschenke schicken, für ihn beten, die Verfolgung durch die Obrigkeit aus Gottes Hand nehmen und nichtsdestotrotz fortfahren, dieselbe Botschaft von Christus zu predigen? Würden Sie vielleicht sagen: »Ja, mein Pastor ist im Gefängnis, weil er Christus gepredigt hat. Und vielleicht wird man auch mich einsperren, weil ich nicht aufhöre, die Wahrheit zu bekennen – dass Jesus Christus der auferstandene Herr über alles ist«?

Was würden Sie tun?

Der Philipperbrief beginnt mit einem Gebet voller Freude darüber, dass die Philipper Paulus treu im Evangelium verbunden geblieben sind – »vom ersten Tag an bis jetzt«. Die Philipper verleugneten oder verließen ihren gefangenen Apostel nicht; sie standen zu ihm. Und das Wort, das Paulus in diesem Brief immer wieder benutzt, um diese Verbundenheit zu beschreiben, ist »Partnerschaft«, griechisch *koinōnía*, was sonst oft auch mit »Gemeinschaft«, »Anteil« oder »Teilhabe« übersetzt wird.

Die Gemeinschaft, die die Philipper mit Paulus hatten, bestand nicht darin, nach dem Gottesdienst eine Tasse Tee zusammen zu trinken, oder in einem netten Abend beim Bibelstudium. Die Philipper und Paulus hatten gemeinsam Anteil an *Gottes Gnade* durch Jesus Christus (1,7). Wie Paulus freuten sich auch die Philipper auf den Tag Christi, an dem sie durch seinen Tod und seine Auferstehung als »rein und ohne Tadel« gelten und mit der Frucht der Gerechtigkeit erfüllt sein würden (1,9-11; 3,8-11). Gott selbst hatte ein gutes Werk in ihnen begonnen und würde es auch vollenden (1,6).

Die »Teilhabe (oder Partnerschaft) am Evangelium« ist keine Methode, durch die die Philipper sichergestellt hätten, dass sie vor Gott gut dastehen. Wenn überhaupt jemand Grund gehabt hätte, sich vor Gott zu rühmen und sich für gerecht zu erklären, dann Paulus – der »Hebräer von Hebräern« (3,5). Aber das Evangelium, das er predigte, machte alles menschliche Streben nach Gerechtigkeit erbärmlich und unnütz:

> Aber was mir Gewinn war, das habe ich um des Christus willen für Schaden geachtet; ja, wahrlich, ich achte alles für Schaden gegenüber der alles übertreffenden Erkenntnis Christi Jesu, meines Herrn, um dessentwillen ich alles eingebüßt habe; und ich achte es für Dreck, damit ich Christus gewinne und in ihm erfunden werde, indem ich nicht meine eigene Gerechtigkeit habe, die aus dem Gesetz kommt, sondern die durch den Glauben an Christus ... (Phil 3,7-9)

Das ist das Evangelium, das die Philipper gehört und an das sie – durch Gottes Gnade – geglaubt hatten. Es war ein Evangelium von einem leidenden Christus, der gestorben und auferstanden war, um seinem Volk Gerechtigkeit und Errettung zu bringen. Dieses Evangelium anzunehmen bedeutete, bereit zu sein, wie

Kapitel 5

Christus selbst zu leiden. Tatsächlich drückt Paulus es noch schärfer aus. Er sagt, für das Evangelium einzutreten und zum Leiden um Christi willen berufen zu sein, ist an sich schon eine Gnadengabe Gottes:

> Es ist ja nur recht, dass ich so von euch allen denke, weil ich euch im Herzen trage, die ihr alle sowohl in meinen Fesseln als auch bei der Verteidigung und Bekräftigung des Evangeliums mit mir Anteil habt (o. meine Partner seid) an der Gnade. (Phil 1,7)
> Denn euch ist es im Blick auf Christus geschenkt worden, nicht allein an ihn zu glauben, sondern auch für ihn zu leiden ... (Phil 1,29)

Und so drängt Paulus die ganz normalen, gewöhnlichen Christen in Philippi, in ihrer Partnerschaft am Evangelium stark zu bleiben und angesichts von Feindschaft und Verfolgung weiterhin für Christus einzustehen. So zu leben, sagt Paulus, heißt schlicht so zu leben, wie es des Evangeliums würdig ist:

> Nur führt euer Leben würdig des Evangeliums Christi, damit ich, ob ich komme und euch sehe oder abwesend bin, von euch höre, dass ihr fest steht in *einem* Geist und einmütig miteinander kämpft für den Glauben des Evangeliums und euch in keiner Weise einschüchtern lasst von den Widersachern, was für sie ein Anzeichen des Verderbens, für euch aber der Errettung ist, und zwar von Gott. Denn euch wurde, was Christus betrifft, die Gnade verliehen, nicht nur an ihn zu glauben, sondern auch um seinetwillen zu leiden, sodass ihr denselben Kampf habt, den ihr an mir gesehen habt und jetzt von mir hört. (Phil 1,27-30)

Das griechische Wort, das in Vers 27 mit »führt euer Leben« (andere übersetzen: »wandelt«) übersetzt wird, bedeutet wörtlich »als Bürger leben« (griechisch *politeueso*). Die Nominalform davon wird in Philipper 3,20 verwendet: »Unser *Bürgertum* aber ist im Himmel, von woher wir auch den Herrn Jesus Christus erwarten als den Retter ...« Die Philipper wussten nur zu gut, dass ihre Stadt eine römische Kolonie war, deren Bürger alle Privilegien von Vollbürgern des Römischen Reiches besaßen. Aber, so erinnert Paulus sie, euer König ist nicht der Kaiser, und Rom ist nicht euer Bürgertum; euer König ist Jesus Christus, und euer Bürgerreich ist der Himmel. Lebt daher so, wie es *dieses* Bürgertums würdig ist. Steht Seite an Seite als geschlossene Armee, die für *diesen* König kämpft, zu seiner Ehre und Herrlichkeit.

Die ganz normalen Gläubigen in der Gemeinde von Philippi waren weder Bürger zweiter Klasse noch eine Hilfstruppe hinter der Frontlinie. Sie sollten fest zusammenhalten und gemeinsam »für den Glauben des Evangeliums« kämpfen, dabei weder vom daraus resultierenden Kampf und Streit überrascht sein, noch ihre Gegner fürchten. Und indem sie so handelten, würden sie an *demselben Kampf und Streit* teilhaben, den Paulus selbst erfahren hatte und immer noch erfuhr. Sie waren seine Partner im Leiden, seine Partner »bei der Verteidigung und Bekräftigung des Evangeliums« (1,7); sie waren Partner von Paulus und voneinander.

Deshalb ist die Einheit der Gemeinde so wichtig; deshalb sind Klagen, Murren und Zwietracht so vollkommen unangebracht. Der wunderbare Abschnitt in Kapitel 2 über die Demut Christi, die dem Nächsten Vorrang gibt, ist in diesem Zusammenhang ein Aufruf an die Philipper, selbstsüchtige Beweggründe und kleinlichen Konkurrenzkampf abzulegen, sodass sie gemeinsam für die Sache des Evangeliums eintreten und in der verdorbenen Welt um sie herum wie Leuchtfeuer scheinen können:

> Tut alles ohne Murren und Bedenken, damit ihr euch tadellos und lauter erweist, als unsträfliche Gotteskinder inmitten einer verkehrten und verdrehten Menschheit, unter der ihr wie helle Sterne in der Welt leuchtet. Haltet fest am Wort des Lebens, mir zum Ruhm auf den Tag Christi, weil ich dann

nicht vergeblich gelaufen bin und nicht vergeblich gearbeitet habe. (Phil 2,14-16)

Die Ausleger sind sich uneinig, ob in Vers 16 »haltet fest« oder »bietet dar« übersetzt werden sollte. Die zweite Variante würde mehr das Evangelistische, die Außenwirkung betonen, während es bei »haltet fest« mehr darum gehe, dass die Philipper selbst in ihrem Glauben ausharren. Die Philipper hätten wohl kaum die Geduld für eine solche feingeistige Unterscheidung gehabt. Zweifellos bedeutete für sie, partnerschaftlich mit Paulus am Evangelium »festzuhalten«, sich ihm im Kampf für das Evangelium anzuschließen und das Leiden zu akzeptieren, das daraus stets resultiert. Es bedeutete, ihrem gefangenen Apostel treu zur Seite zu stehen und bei der »Verteidigung und Bekräftigung des Evangeliums« kein Blatt vor den Mund zu nehmen.

Paulus nennt Timotheus und Epaphroditus als zwei herausragende Vorbilder, denen die Philipper nacheifern sollten. Timotheus sorgte sich mustergültig um andere ohne Rücksicht auf sich selbst (2,20-21). Er stellte die Belange Jesu Christi an erste Stelle und diente neben Paulus wie ein Sohn in einem Familienbetrieb. Epaphroditus war ein Philipper; Paulus nennt ihn »meinen Bruder und Mitarbeiter und Mitstreiter, der auch euer Gesandter ist und Diener meiner Not; denn er hatte Verlangen nach euch allen und war bekümmert, weil ihr gehört habt, dass er krank gewesen ist« (2,25-26).

Verstehen Sie? Epaphroditus war nicht etwa deshalb bekümmert, weil er krank war, sondern weil die Philipper erfahren hatten, dass er krank gewesen ist! Wie viele von uns haben eine solche Einstellung, wenn sie krank sind?!

Normale christliche Gemeinschaft

Laut Paulus ist die Beteiligung (oder »Gemeinschaft«, »Partnerschaft«) am Evangelium das normale Christenleben. Es bedeutet, einig im Evangelium zusammenzustehen und fest entschlossen zu sein, als Himmelsbürger inmitten unserer verdorbenen Generation zu leben, sich danach zu sehnen und danach zu streben, dass das Evangelium verteidigt und verkündigt wird, und tapfer dem Kampf, Streit und der Verfolgung ins Auge zu sehen, die unausweichlich folgen.

Die praktischen Auswirkungen dieser Partnerschaft sind weitreichend. Wir sehen, dass die Philipper für Paulus beten (1,19); wir sehen, dass sie an seinen Nöten Anteil nehmen, indem sie ihm finanzielle Unterstützung schicken (4,14-19); wir sehen, dass Philipper wie Epaphroditus, Evodia, Syntyche und Clemens zu den Mitarbeitern des Paulus zählen; und wir sehen, dass Paulus die Philipper aufruft, seinen Eifer für das Evangelium nachzuahmen – trotz aller Feindschaft von außen und allem Widerstand von innen (3,17 – 4,1).

Das Evangelium selbst verlangt, dass wir unseren Leitern und Predigern in tiefer Einheit, als Team und mit Solidarität beistehen – nicht etwa wegen ihrer Persönlichkeit oder Gaben, sondern weil wir gemeinsam am Evangelium von Jesus Christus teilhaben. Es gibt keine zwei Klassen von Christen – die Teilnehmer und die Zuschauer. Wir alle sind beteiligt.

Eine Gemeinde, in der wir einmal mitgearbeitet haben, hat versucht, das so auszudrücken: Sie sprach nie von »Mitgliedschaft« in der Gemeinde, sondern von »Partnerschaft«. Wenn man in unserer Gesellschaft irgendwo »Mitglied« wird, kann das den Beigeschmack von Passivität und Konsumdenken haben: Ich werde Mitglied in einem Club und erwarte davon gewisse Vorteile. Das Wort »Partnerschaft« vermittelt klar, dass man sich für eine aktive Mitarbeit einschreibt – um gemeinsam Partner bei einem gewaltigen Unternehmen zu sein: in der Mission Christi, das Evangelium zu verkünden.

Im Philippi des 1. Jahrhunderts gehörte das zweifellos dazu – die Bereitschaft, sich öffentlich einer neuen und beargwöhnten »Sekte« zu verpflichten, deren Anführer man in den Knast gesteckt hatte, die Entschlossenheit, unter allen Umständen für seine Brüder und für das Evangelium einzustehen und sich selbstlos für seine Brüder und Schwestern in Christus hinzugeben.

Nichts davon war ein Programm »guter Werke«, um in den Himmel zu kommen! Vielmehr standen die Gesetzeslehrer, die ihre Zuversicht auf das Fleisch setzen wollten, auf der Seite des Feindes. Die unermessliche freie Gnade Gottes aber, die durch den Glauben an Christus zu ihnen gekommen war, war keine Lizenz für ein einfaches, komfortables Leben mit einem Hauch von Spiritualität; vielmehr verlieh diese Gnade eine neue Nationalität – ein Bürgertum des Leidens und des gemeinsamen Einstehens Seite an Seite für das Evangelium.

Paulus war in diesem Kampf ihr Anführer, Vorbild und Mitstreiter. Und dieses Schema finden wir auch sonst im Neuen Testament. Leiter, Pastoren und Älteste sind verantwortlich zu lehren, zu ermahnen, zurechtzuweisen und zu ermutigen. Sie sind Lehrmeister und Organisatoren, Wächter und Motivatoren, Lehrer und Vorbilder. Sie schaffen die Bedingungen, unter denen auch die anderen Partner am Evangelium und Weinstockarbeiter vorankommen können – und dazu vermitteln sie anderen unter Gebet das Wort Gottes.

Doch auf tieferer Ebene sind alle Pastoren und Ältesten auch nur Partner. Sie sind weder an sich etwas Besonderes, noch haben sie einen besonderen Status oder eine grundsätzlich andere Aufgabe – als wären sie die eigentlichen »Player« im Team und der Rest der Gemeinde nur die Zuschauer oder der Betreuerstab. Ein Pastor oder Ältester ist ein Weinstockarbeiter, dem die besondere Verantwortung übertragen wurde, für die Gemeindeglieder zu sorgen und sie für ihre Partnerschaft am Evangelium zuzurüsten.

Das führt uns zwangsläufig zum Thema »Training«.

6

Das also ist des Trainings Kern

Die meisten Leser dieses Buches dürften zu einer von zwei Kategorien zählen:

Für manche ist »Training«[1] so etwas wie ein geistliches Modewort; sie meinen zu wissen, was es bedeutet, und sind dementsprechend entweder dafür, dagegen oder es einfach nur leid, immer wieder davon zu hören.

Für andere wiederum ist »Training« etwas, das man in der Sporthalle macht oder an einer Bibelschule oder einem theologischen Seminar erhält; aber sie hätten nie gedacht, dass Training im Rahmen der örtlichen Gemeinde stattfinden soll.

Damit beide Gruppen von diesem Buch profitieren können, wollen wir in diesem Kapitel überlegen, was »Training« im Zusammenhang mit dem Leben und Dienst als Christ eigentlich ist.

Was ist Training bzw. Ausbildung?

Wenn man erklären will, was »Training« eigentlich ist, bekommt man regelmäßig Schwierigkeiten, weil dieses Wort in der engli-

---

[1] Anmerkung des Übersetzers: In diesem Kapitel und im gesamten Buch gehen die Autoren von dem in englischen Bibeln verwendeten Wort »training« aus, das deutsche Bibelübersetzungen meist mit »Erziehung«, »Unterweisung« oder »üben« wiedergeben. Alternativ zu »Training« verwenden wir als Übersetzung auch die entsprechenden Begriffe aus den deutschen Bibelausgaben sowie »Schulung« und »Ausbildung«, haben aber meistens »Training« bzw. »trainieren« beinbehalten, um den Theorie und Praxis umfassenden Charakter dieser Ausbildungsweise auszudrücken.

schen Sprache Nebenbedeutungen hat, die nicht immer mit dem biblischen Sprachgebrauch übereinstimmen.

Im modernen Englisch bedeutet »Training« normalerweise, sich Fähigkeiten in irgendeiner Tätigkeit, Kunst oder Berufssparte anzueignen. Durch einen Mix von Unterricht, Beobachtung, Übung und Disziplin lernen Auszubildende (engl. »*trainees*«), wie man etwas richtig und gut macht – sei es Hürdenlauf oder Kriegsführung. Für uns heute ist »Training« gewöhnlich aufgabenorientiert und legt den Schwerpunkt auf die Verfahren und Techniken, mit denen man die gewünschten Ergebnisse erzielt. Dabei stehen regelhafte und vorhersagbare Wirkungen im Blickpunkt. Wenn wir etwa eine betriebliche Fortbildung (»*workplace training*«) absolvieren, hoffen wir, dadurch in irgendeinem Aspekt unserer Tätigkeit ein neues Kompetenzniveau zu erlangen.

Training für den geistlichen Dienst kann ganz ähnlich aussehen: Man vermittelt Wissen und Kompetenzen, sodass Christen lernen können, wie man bestimmte Dinge tut. So veranstalten viele Gemeinden »Trainingskurse«, um Menschen zu helfen, kompetenter darin zu werden, wie man die Bibel liest, anderen seinen Glauben bezeugt, neue Gäste begrüßt, Kleingruppen leitet usw.

Das alles ist schön und gut, aber es ist nicht der Kern dessen, was »Training« bzw. Ausbildung ausmacht – zumindest nicht im biblischen Sinne. Im Neuen Testament geht es bei Training vielmehr um eine christliche Denk- und Lebensweise und weniger um bestimmte Fähigkeiten und Kompetenzen. Das sehen wir besonders in den Pastoralbriefen, wo oft von »Training« die Rede ist.

Lehre und Leben vermitteln

In 1. Timotheus 4,7 zum Beispiel fordert Paulus auf: »Die unheiligen und altweiberhaften Fabeln aber weise ab, *übe* dich aber zur Gottseligkeit!« Das hier im griechischen Grundtext stehende Wort *gymnázō* stammt ursprünglich aus dem Bereich des Sports und Wettkampfs. Als Gemeindediener sollte Timotheus dieses

Das also ist des Trainings Kern

Bild aus dem sportlichen Training auf seinen Lebenswandel und Charakter anwenden, damit er und seine Hörer zu weiterer Reife und Gerechtigkeit fortschreiten. Der Hebräerbrief verwendet dasselbe griechische Wort ähnlich: »…die feste Speise aber ist für Erwachsene, die infolge der Gewöhnung *geübte* Sinne haben zur Unterscheidung des Guten wie auch des Bösen« (Hebr 5,14). Im Gegensatz dazu ist das Herz von Irrlehrern »geübt in Habsucht« (2Petr 2,14). Der Schwerpunkt liegt hier auf Lehre und Vorbild, was mehr zu einem in besonderer Weise geprägten Lebenswandel führt als zu einer bestimmten Fähigkeit oder Kompetenz.

In 2. Timotheus 3,16 übersetzen die englischen Bibeln auch das griechische Wort *paideía* mit »training«: »Alle Schrift ist von Gott eingegeben und nützlich zur Lehre, zur Überführung, zur Zurechtweisung, zur *Unterweisung* in der Gerechtigkeit« (andere Bibelübersetzungen schreiben hier *Erziehung*). Dieses Wort bezeichnet gewöhnlich eine Schulung oder Belehrung, die zu angemessenen Verhaltensformen führen soll (in diesem Fall »Gerechtigkeit«). Es ist dieselbe Art von Unterweisung, die ein Vater bei seinem Sohn anwendet, um dessen Charakter zu prägen – sei es, dass Gott uns als unser Vater zu unserem Besten »züchtigt« (Hebr 12,5.7 mit demselben Wort), oder dass unsere menschlichen Väter versuchen, uns im Weg des Herrn zu »unterweisen« (Eph 6,4).

Direkt im Anschluss an 2. Timotheus 3,16 wird in Vers 17 das Konzept der Unterweisung weiter ausgeführt. Die »Schriften« machen den Mann Gottes kompetent bzw. fähig, indem sie ihn in der Gerechtigkeit »unterweisen«; dadurch ist er zu jedem guten Werk gerüstet. Diese »Unterweisung in der Gerechtigkeit« ist es, die »zu jedem guten Werk völlig zurüstet«; aber damit ist hier nicht eine bestimmte Fähigkeit gemeint – wie etwa verständlich lehren, eine Kleingruppe leiten oder was auch immer zu können –, sondern Charakterzüge und Verhaltensweisen, die auf der gesunden Lehre der Schrift gründen.

Die gesunde Lehre ist entscheidend. In den Pastoralbriefen wird wie bei einem Staffellauf der Stab weitergereicht – und dieser Stab ist nichts anderes als das Evangelium. Gott hat das Evangelium Paulus anvertraut (1Tim 1,11-12), der es wiederum an Timotheus weitergibt (1Tim 1,18-19; 6,11-14.20-21). Jetzt will Paulus, dass Timotheus dasselbe tut: Er soll das, was Paulus ihm in Gegenwart vieler Zeugen überliefert hat, treuen Menschen anvertrauen, die ebenfalls fähig sind, andere zu lehren (2Tim 2,2).

Kern des Trainings ist nicht, eine bestimmte Fähigkeit, sondern die gesunde Lehre zu vermitteln. Paulus benutzt diese Begriffe (trainieren, üben, erziehen usw.) für den lebenslangen Prozess, bei dem Timotheus und seine Gemeinde durch die Bibel lernen, falsche Glaubensvorstellungen zu verwerfen und ihr Herz und Leben von gesunder Lehre prägen und formen zu lassen. Gute biblische Unterweisung führt zu einem gottesfürchtigen Lebenswandel auf Grundlage gesunder und gesund machender Lehre.

Persönliche Beziehung und Nachahmung

Diese Weitergabe des »anvertrauten Guts« des Evangeliums ist allerdings keine staubtrockene, rein akademische Übung. Sie hat zutiefst und unausweichlich mit einer persönlichen Beziehung zu tun. Wenn wir die persönliche Beziehung zwischen Paulus und Timotheus betrachten, wird sofort klar, dass es bei Timotheus' »Training« um sehr viel mehr ging als nur um die Weitergabe von Fähigkeiten oder Informationen. Paulus nennt Timotheus wiederholt mit großer Herzenswärme seinen Sohn und sein geliebtes Kind (1Kor 4,17; Phil 2,22; 1Tim 1,2.18; 2Tim 1,2) sowie seinen Glaubensgenossen und Teilhaber der Gnade (1Tim 1,2; 2Tim 1,2; 2,1). Sehr wahrscheinlich hat sich Timotheus durch Paulus bekehrt (Apg 14,6-23; 16,1-3). Dann wurde er zu seinem hochgeschätzten Mitarbeiter bei der Verbreitung des Evangeliums (»ich habe keinen ihm Gleichgesinnten«; Phil 2,20). Paulus vertraute ihm so sehr, dass er ihn als seinen Abgesandten zu den Gemeinden schickte (Phil 2,19-20; 1Thes 3,1-5).

Das also ist des Trainings Kern

Diese enge Beziehung war das Mittel für ein Schlüsselelement in dem Training, das Paulus Timotheus gab: Nachahmung bzw. Nachfolge. »Du aber bist mir nachgefolgt in der Lehre, in der Lebensführung, im Vorsatz, im Glauben, in der Langmut, in der Liebe, im standhaften Ausharren, in den Verfolgungen, in den Leiden, wie sie mir in Antiochia, in Ikonium und Lystra widerfahren sind. Solche Verfolgungen habe ich ertragen, und aus allen hat mich der Herr gerettet« (2Tim 3,10-11).

Paulus gab an Timotheus nicht nur das ihm anvertraute Gut des Evangeliums weiter, sondern vielmehr auch einen Lebensstil. Timotheus wiederum sollte anderen als Vorbild für diesen Lebensstil des Evangeliums dienen: »Niemand verachte dich wegen deiner Jugend, sondern sei den Gläubigen ein Vorbild im Wort, im Wandel, in der Liebe, im Geist, im Glauben, in der Keuschheit« (1Tim 4,12). Einen weiteren seiner Schützlinge, Titus, ermahnte Paulus mit ähnlichen Worten: »... biete dich selbst ihnen in jeder Beziehung als Vorbild für ein gutes Verhalten dar. In der Lehre beweise Unverfälschtheit, würdevollen Ernst, gesunde, unanfechtbare Rede, damit jeder Gegner sich beschämt fühlt, weil er uns nichts Schlechtes nachsagen kann« (Tit 2,7-8). Beachten wir, dass das vorbildliche Lehren und Verhalten von Titus ebenso auch ein Licht auf Paulus wirft: »... weil er *uns* nichts Schlechtes nachsagen kann«. Was Titus lehrte und lebte, war nämlich nur das, worin er Paulus nachahmte.

Diese Methode des Vorbildseins, Beispielgebens und Nachahmens war für Paulus' gesamten Dienst von grundlegender Bedeutung:

> Folgt meinem Beispiel allesamt nach, liebe Brüder, und richtet euren Blick auf die, welche so wandeln, wie ihr uns zum Vorbild habt. (Phil 3,17)
>
> Nicht um euch zu beschämen, schreibe ich dies, sondern ich ermahne euch als meine geliebten Kinder. Denn wenn ihr zehntausend Zuchtmeister in Christus hättet, so doch nicht viele Väter; denn in Christus Jesus habe ich euch ge-

zeugt durch das Evangelium. Ich bitte euch nun, seid meine Nachahmer! Deshalb habe ich euch Timotheus gesandt, der mein geliebtes und treues Kind im Herrn ist; der wird euch erinnern an meine Wege in Christus, wie ich überall in jeder Gemeinde lehre. (1Kor 4,14-17)

Seid unanstößig, sowohl für Juden als auch für Griechen als auch für die Gemeinde Gottes, wie auch ich in allen Dingen allen zu gefallen strebe, dadurch, dass ich nicht meinen Vorteil suche, sondern den der vielen, dass sie gerettet werden. Seid meine Nachahmer, wie auch ich Christi Nachahmer bin! (1Kor 10,32-11,1)

Wir wissen ja, von Gott geliebte Brüder, um eure Auserwählung, denn unser Evangelium ist nicht nur im Wort zu euch gekommen, sondern auch in Kraft und im Heiligen Geist und in großer Gewissheit, so wie ihr ja auch wisst, wie wir unter euch gewesen sind um euretwillen. Und ihr seid unsere und des Herrn Nachahmer geworden, indem ihr das Wort unter viel Bedrängnis aufgenommen habt mit Freude des Heiligen Geistes, sodass ihr Vorbilder geworden seid für alle Gläubigen in Mazedonien und Achaja. (1Thes 1,4-7)

Die Kette der Nachfolge geht vom Herrn Jesus selbst, dem Paulus folgte, über Timotheus (der wiederum Paulus folgte und der andere ermahnte, dem Vorbild von Paulus nachzueifern) bis hin zu den Gläubigen, die »unsere und des Herrn Nachahmer geworden« sind.

Wichtig ist, dass Paulus nicht nur wollte, dass sie seiner Lehre folgen, sondern auch seinem Lebenswandel. Paulus trennt nie die Ethik von der Lehre; denn wenn das Evangelium richtig verstanden wird, führt das auch immer zu einem veränderten Leben. Vielleicht schrecken wir davor zurück, uns selbst als Vorbilder zu sehen – sei es aus frommer Demut oder der ehrlichen Einschätzung unseres armseligen Vorbildes –, aber Paulus schämte sich nicht weder für sich selbst noch für seine Mitarbeiter. Er drängte Timotheus und die anderen, so wie er ein Vorbild für die Gläubigen zu sein, und er drängte die Gläubigen, diesen Vorbildern nachzufolgen!

Allerdings müssen wir bedenken, welche Art von Vorbild Paulus mit seiner Nachfolge Jesu abgab. Er nahm Anfeindung und gesellschaftliche Ablehnung auf sich und ging den aufopferungsvollen Weg des Leidens und der Misshandlung um anderer willen. Edwin Judge erklärt, dass die Art von Nachfolge, zu der Paulus aufrief, der damaligen Kultur völlig zuwider lief. Diese Nachfolge war kein Befolgen bestimmter ethischer Regeln oder Traditionen eines spirituellen Meisters, sondern die Hingabe des eigenen Lebens für andere. Dieser »Aufruf, die normalen eigenen Interessen einem höheren Ziel zu opfern, war eine höchst befremdende Umkehrung des sittlichen Wandels, den die Griechen kultiviert hatten«.[2]

Paulus drängt seine Gemeinden, sich ihm im Leiden um des Auftrags Christi willen anzuschließen und die Errettung anderer zu suchen, indem man auf sein Recht verzichtet. Sein Ehrgeiz, andere zu retten, sollte auch ihr Ehrgeiz sein.

Wir sind denen, die wir lehren und trainieren, immer ein Vorbild – ob uns das gefällt oder nicht. Wir können nicht einfach aufhören, Vorbild zu sein. Eine der Hauptaufgaben von Pastoren und Ältesten ist, ihr Leben so zu gestalten, dass sie anderen als geistliches Vorbild dienen. Darum beziehen sich die meisten Anforderungen für den Ältestendienst, die in 1. Timotheus 3 und Titus 1 angeführt werden, auf den Charakter und Lebenswandel. Es geht nicht darum, dass wir ein vollkommenes Vorbild sein sollen; das ist unmöglich. Aber uns gilt, was Paulus an Timotheus schreibt: »Dafür sollst du sorgen, darin sollst du leben, damit allen deine *Fortschritte* offenbar werden« (1Tim 4,15). Wir sollen ein Vorbild darin sein, nach Heiligkeit

---

2 Edwin Judge, »The Teacher as Moral Exemplar in Paul and in the Inscriptions of Ephesus«, in D. Peterson und J. Pryor (Hg.), *In the Fullness of Time: Biblical Studies in Honour of Archbishop Donald Robinson* (Homebush West, New South Wales: Anzea, 1992): S. 199.

zu *streben*, und nicht darin, eine vollkommene, bereits erlangte Heiligkeit zur Schau zu stellen (Hebr 12,14). Vielmehr besteht unser Vorbildsein im tiefsten Grunde darin, dass wir ein Musterbeispiel für den Weg des Kreuzes abliefern. Wir versuchen nicht, Klone zu schaffen oder einen Personenkult, sondern dem Vorbild unseres Meisters zu folgen, was bedeutet, in Versuchungen und Verfolgung auszuharren. Wenn der Lehrer leidet, dann auch der Schüler.

Wichtig dabei ist, dass Training immer eine Sache der Beziehung ist. Man kann andere nicht per Frontalunterricht durch vermeintliche neutrale Informationsvermittlung trainieren. Der Lehrer ruft den Schüler nicht nur auf, seine Lehre zu übernehmen, sondern auch den Lebensstil, der sich unvermeidlich aus dieser Lehre ergibt. Und deshalb muss der Lehrer das tun, was Paulus Timotheus schrieb:

> Habe acht auf dich selbst und auf die Lehre; bleibe beständig dabei! Denn wenn du dies tust, wirst du sowohl dich selbst retten als auch die, welche auf dich hören. (1Tim 4,16)

Training als Erziehung

Man kann das paulinische Modell des geistlichen Trainings zusammenfassend gut mit der Erziehung durch die Eltern vergleichen:

- Es beginnt mit der neuen Geburt (woran Menschen beteiligt sind).
- Es ist langwierig und geschieht liebevoll.
- Es umfasst die Weitergabe von Wissen und Weisheit sowie praktische Anleitung.
- Es erfordert, dass wir Vorbilder sind, denen nachgeahmt wird.
- Es vermittelt nicht nur Glaubensinhalte und Fähigkeiten, sondern prägt auch den Charakter und Lebenswandel.

Das ist ein sehr hilfreiches Bild, das wir im Hinterkopf behalten sollten, wenn wir über Training nachdenken. Training ist Kindererziehung. Es bedeutet, jemandem so viel Liebe entgegenzubringen, dass man erleben will, wie er wächst und gedeiht, und dass man bereit ist, ausdauernde, treue Arbeit dafür zu investieren, um (wenn Gott in seiner Gnade will) entsprechende Ergebnisse zu sehen.

Da geistliches Training eine Sache der Beziehung ist, vollzieht es sich am besten durch »Abfärbung« als durch formellen Unterricht. Training wird ebenso viel empfangen wie erteilt. Schüler werden schließlich ihren Lehrern ähneln, so wie Kinder ihren Eltern.

Beim Training auf Beziehungsebene kommt das zum Vorschein, was im Herzen des Lehrers wie auch des Schülers ist. Wenn wir Verkündiger des Wortes Gottes heranbilden, messen wir Fortschritte nicht einfach an der erbrachten Leistung, sondern an der Rechtschaffenheit und Integrität des Herzens. Liebt der Schüler wirklich Gott und den Nächsten? Unterwirft er sich wirklich dem Wort Christi? Unbedachte, spontane Äußerungen und Verhaltensweisen offenbaren, was im Herzen des Schülers ist – Gutes, Böses und Hässliches. In den Kämpfen des Lebens und des Dienstes wird die Beziehung vertieft und der Lehrer lernt den Charakter des Schülers kennen.

Ebenso müssen auch Schüler Einblick ins Herz ihres Lehrers bekommen – in ihre Sünden und Bekenntnisse, ihre Sorgen und Überzeugungen, ihre Erwartungen und Bilanzen, ihre Erfolge und Versagen. Leben und Dienst des Lehrers dienen dem Schüler als Vorbild – nicht als Vorbild für Vollkommenheit, sondern für geistliche Ziele und Wünsche in einem irdenen Gefäß. Dazu ist es nötig, dass wir offen und ehrlich einander am Leben teilhaben lassen.

Nirgends wird das deutlicher als zu Hause. Zu Hause ist der Lehrer nicht mehr der »öffentlich bekannte Christ«, der Gemeindeleiter. Diese Rolle fällt weg. Er wird – nein, er *ist* – der Ehemann, der mit seiner Frau lacht; der Vater, der sich um seine

Tochter kümmert, die ihr Essen nicht mag; der Koch, der Freude an seiner kreativen Seite hat; der Heimwerker, der den Wasserhahn montiert; der Erschöpfte, der mit leerem Blick auf der Couch hockt. Er wandelt auch unter den widrigsten Umständen im Geist. Und wenn er als weiser Lehrer seinen Schüler daheim besucht, beobachtet er ebenso, wie der Schüler seiner Frau respektvoll zuhört, oder die Kinder ignoriert, oder erwartet bedient zu werden, oder sich nicht entspannen kann. All das ist relevant für spätere Reflektion und Gespräche.

Dennoch muss unbedingt erwähnt werden, dass auch eine formelle Ausbildung weiterhin eine wertvolle und unersetzliche Ergänzung zum Training auf Beziehungsebene bleibt. Vielleicht kennen wir zwar einen jener seltenen Lehrer, die intuitiv beurteilen können, was zur Entwicklung eines Schülers jeweils nötig ist, und es ihm spontan bieten können. Ein intuitiver Lehrer muss vielleicht nicht viel über einen formellen Lehrplan nachdenken, weil Lehren für ihn so natürlich ist. Aber die meisten Christen sind keine brillanten intuitiven Lehrer. Und selbst die, die es sind, bilden ihre Schüler nicht wirklich umfassend aus. Sie haben keinen Überblick, was sie schon behandelt haben und was noch nicht.

Formelle Lehrpläne sind mit Training auf Beziehungsebene durchaus vereinbar. Wenn ein Lehrer sich dem Training auf Beziehungsebene verschrieben hat, dann wird das durch Lehrpläne eher bereichert als beeinträchtigt. Tatsächlich bieten formelle Lehreinheiten oder -pläne dem Lehrer eine zusätzliche Gelegenheit zu sehen, wie der Schüler sich in der Praxis verhält: wie er mit Menschen umgeht, sich einbringt, Aufgaben erledigt usw.

All das führt uns zur Frage, welchen Platz Kompetenzen und Lehrveranstaltungen bei der Mitarbeiterschulung einnehmen.

Was ist mit Kompetenzen, Kursen und Programmen?

Mit dem richtigen biblischen Schwerpunkt – Denken, Herz und Charakter durch das Wort Gottes zu prägen –, sollten wir

Das also ist des Trainings Kern

jetzt bereit sein, über besondere Fähigkeiten und Kompetenzen zu reden.

Die Bibel sagt durchaus etwas über praktische Fähigkeiten. Allen Christen gilt zum Beispiel: »Seid allezeit bereit, euch gegen jedermann zu verantworten, der von euch Rechenschaft über die Hoffnung fordert, die in euch lebt« (1Petr 3,15). Ebenso sollen wir »aufeinander achtgeben, um uns gegenseitig zur Liebe und zu guten Werken anzuregen« (Hebr 10,24). Außerdem ist es wichtig, dass manche die Fähigkeit haben zu lehren – zum Beispiel die Aufseher (1Tim 3,2) oder Ältesten (Tit 1,9) oder die in 2. Timotheus 2,2 genannten »treuen Menschen«. Außerdem sagt die Bibel, dass manche die Gabe haben, der Gemeinde »vorzustehen« (Röm 12,8; vgl. in Tim 3,4 den Ältesten und Vater, der seinem Haus »vorsteht«).

Fähigkeiten und Kompetenzen sind nicht irrelevant. Vielmehr sind sie sogar nötig, um die Botschaft des Evangeliums zu vermitteln, um Gottes Herde zu weiden und die Gemeinde zu leiten. Allerdings dürfen Kompetenzen niemals vom Evangelium getrennt werden – von der Wahrheit gesunder Lehre und dem gottgefälligen Charakter, der damit einhergeht. Man kann sich sehr leicht durch »Kompetenzen« blenden lassen und denken: »Wenn wir doch nur die Kompetenzen und Methoden richtig auf die Reihe bekommen, dann wird sich alles andere daraus von selbst ergeben, und Wachstum ist uns sicher.« Man kann sich leicht auf Kompetenzen als Selbstzweck fixieren und sich zu sehr auf sie verlassen.

Wenn wir aber das Evangelium an erste Stelle und in den Mittelpunkt rücken, dann kann es schlicht ein gottgefälliger Teil unseres Dienstes für Christus und den Nächsten sein, dass wir lernen, bestimmte Dinge effektiver zu tun. Wir können zum Beispiel anstreben, ein besserer Bibellehrer zu werden – nicht um uns selbst zu verherrlichen oder weil wir irrigerweise uns für wichtig hielten, sondern einfach, weil wir unseren Hörern die lebensverändernde Botschaft der Bibel klarer und überzeugender vermitteln möchten. Dasselbe gilt natürlich auch für unsere Pläne, anderen bestimmte Fähigkeiten beizubringen.

Kapitel 6

Wesen und Ziel des Trainings bzw. von Schulung kann man mit den drei Begriffen *Kenntnis, Charakter* und *Kompetenz*[3] beschreiben. Durch eine persönliche Beziehung, Gebet, Lehren, Vorbildsein und praktische Anleitung wollen wir erleben, wie Menschen in den folgenden Bereichen geistlich wachsen:

- **Kenntnis:** die Erkenntnis Gottes und das Verständnis der Bibel;
- **Charakter:** ein gottgefälliger Charakter und ein Leben im Einklang mit der gesunden Lehre;
- **Kompetenz:** die Fähigkeit, Gottes Wort unter Gebet auf vielfältige Weise weiterzuvermitteln.

Mit der nun erlangten biblischen Perspektive vom Wesen des Trainings, sind wir jetzt auch in der Ausgangslage, um die Vielzahl von Trainingskursen und Hilfsmitteln zu nutzen, die heute verfügbar sind. Wenn wir bedenken, dass Training unbedingt eine Sache der persönlichen Beziehung ist und dass biblisches Training sowohl die Vermittlung gesunder Lehre beinhaltet *als auch* eine bestimmte Lebensweise *und* die Fähigkeit, dem Nächsten zu dienen –, dann kann eine strukturierte Schulung tatsächlich sehr nützlich sein. Das kann durch offizielle Bibelschulen und Ausbildungsprogramme geschehen[4] oder durch verschiedene Schulungsmaterialien und Kurse.

Solche Programme können einen sehr nützlichen Rahmen für das Training bieten – solange man nicht meint, diese Strukturen und Hilfsmittel würden die wahre Arbeit persönlichen Unterweisens und Vorlebens ersetzen. Betrachten wir zum Beispiel unseren kurzen Schulungskurs *Six Steps to Encouragement* (»Sechs Schritte zur Ermutigung«) von Matthias Media. Er ist

---

[3] Im englischen Original drei Begriffe mit C: conviction, character, competency.

[4] Wie etwa das Modell einer zweijährigen Lehrausbildung, das von Ministry Training Strategy (MTS) entwickelt wurde; mehr dazu in Kapitel 11.

Das also ist des Trainings Kern

ein auf sechs Wochen angelegtes Programm mit einer DVD für den Gruppenunterricht und einem Arbeitsbuch für jeden einzelnen Teilnehmer. Es geht darin um die Grundlagen des persönlichen geistlichen Dienstes, wie ein Christ den anderen ermutigen kann. Gewöhnlich eignet sich dafür ein kleiner regelmäßiger Hausbibelkreis, oder eine Gemeinde kann ihn als besonderen Kurs anbieten, der über sechs Wochen z. B. jeden Montagabend stattfindet.

Nun ist die Versuchung groß, den Kurs einfach so »durchzuziehen« – indem man das für den Hauskreis einfach so festlegt oder indem man in der Gemeinde alle Interessierten zu einer Teilnahme einlädt. Und wenn Sie eine oder mehrere Gruppen durch den Kurs geführt haben, können Sie sich stolz auf die Schulter klopfen: »Hurra, ich habe eine ›Schulung‹ durchgeführt!« Und zweifellos wird es für die Beteiligten tatsächlich von Nutzen sein, dieses Material durchzuarbeiten.

Um allerdings echte Fortschritte dabei zu erzielen, dass Gläubige in Ihrer Gemeinde zu »Mutmachern« werden, brauchen sie mehr als nur einen sechswöchigen Kurs. Sie brauchen jemand, der es ihnen beispielhaft vorlebt; und sie brauchen persönliche Anleitung, Beistand und Gebet auf eine Art, die die geistlichen Kernpunkte anspricht, um die es geht, wenn man ein »Mutmacher« werden will. Dazu sind Zeit und persönliche Zuwendung nötig – vor, während und nach der strukturierten Schulung.

Wie kann das im Alltag eines ausgelasteten Pastors und seiner Gemeinde geschehen? Das werden wir in den folgenden Kapiteln betrachten. Zuerst aber müssen wir noch in einigen anderen Bereichen Grundlagenarbeit leisten.

7

Training und das Wachstum des Wortes

Die bisher untersuchte biblische Vorstellung von Training setzt voraus, dass die Arbeit am Evangelium eine »Wachstumsindustrie« ist – das heißt: Wenn das Evangelium gepredigt wird und der Heilige Geist wirkt, dann geschieht »Wachstum« sozusagen von selbst. Das sehen wir in Paulus' freundlichem Eröffnungsgruß im Kolosserbrief:

> Wir danken Gott, dem Vater unseres Herrn Jesus Christus, allezeit, wenn wir für euch beten, da wir von eurem Glauben in Christus Jesus gehört haben und von der Liebe, die ihr zu allen Heiligen habt, wegen der Hoffnung, die für euch in den Himmeln aufbewahrt ist. Von ihr habt ihr vorher schon gehört im *Wort der Wahrheit des Evangeliums*, das zu euch gekommen ist, wie es auch in der ganzen Welt ist und *Frucht bringt und wächst*, wie auch unter euch von dem Tag an, da ihr es gehört und die Gnade Gottes in Wahrheit erkannt habt. (Kol 1,3-6)

Das Wachstum, das Paulus hier meint, scheint zwei Facetten zu besitzen. Auf einer Ebene verbreitet sich das Evangelium auf der ganzen Welt wie ein Weinstock, dessen Ranken den ganzen Zaun hoch, darüber hinaus und noch weiter bis in den Garten des Nachbarn wachsen. Auch in Kolossä, wo Paulus persönlich nie war, war das Evangelium verkündet worden (durch Epaphras) und hatte Wurzeln geschlagen. Aber es wuchs auch in einem weiteren Sinn: im Leben der Gläubigen. Wo das »Wort

Kapitel 7

der Wahrheit« gelehrt und geglaubt wird, bringt es Frucht. Menschen werden verändert. Sie werden von dem einen Herrschaftsbereich in einen anderen versetzt, wie Paulus es später in Vers 13 ausdrückt. Sie beginnen, an Jesus Christus zu glauben, alle Heiligen zu lieben und sich nach ihrem himmlischen Erbe zu sehnen. Ihre Prioritäten ändern sich, ebenso ihre Weltsicht; und Schritt für Schritt wird ihr Leben neu gestaltet – in das Ebenbild des Sohnes Gottes. Das, so betet Paulus, möge weiterhin im Leben der Kolosser geschehen:

> Deshalb hören auch wir seit dem Tage, an dem wir es vernommen haben, nicht auf, für euch zu beten und (Gott) zu bitten, dass ihr mit der Erkenntnis seines Willens in aller geistgewirkten Weisheit und Einsicht erfüllt werden möchtet, damit ihr so, wie es des Herrn würdig ist, zu seinem völligen Wohlgefallen wandelt. Ja, möchtet ihr in jedem guten Werke Frucht bringen und in der Erkenntnis Gottes wachsen! (Kol 1,9-10)

Nun sind diese Gedanken vermutlich weder schockierend noch revolutionär. Das Evangelium bringt schlicht von seiner Natur aus Wachstum hervor. Wir alle wissen das. Aus diesem einfachen Gedanken ergeben sich aber drei sehr wichtige Folgerungen.

Die *erste* lautet: Das Wachstum geschieht bei lebendigen Menschen, nicht in den Strukturen meiner Gemeinde. Oder um es mit den Worten unserer eingangs benutzten Metapher zu sagen: Wenn das Spalier größer wird, ist das kein Wachstum des Weinstocks. Wir können vielleicht die Zahl der Programme, Veranstaltungen, Komitees und anderer Aktivitäten erhöhen, mit denen unsere Gemeinde beschäftigt ist; wir können unsere Gebäude vergrößern und modernisieren; wir können unsere regelmäßigen Versammlungen neu gestalten, damit sie so attraktiv und effektiv sind, dass sie unsere Gesellschaft ansprechen; wir können uns selbst gratulieren, dass unsere Zahlen wachsen. Und all das ist gut! Wenn aber nicht *Menschen* darin wachsen, Gottes Willen zu erkennen und immer mehr so wandeln, wie es des Herrn würdig ist, indem sie versuchen, ihm in allem zu gefallen und in jedem guten Werk Frucht zu bringen, dann kann man überhaupt nicht von Wachstum sprechen.

Es gibt viele Methoden, mehr Leute in unsere Gemeinde zu bekommen. Tatsächlich sind einige der größten Kirchen der Welt solche, die dem Evangelium und der Bibel am wenigsten treu sind. Die Bibel selbst warnt uns davor, dass Menschen überall dort in Scharen zusammenkommen, wo man ihnen das sagt, was sie hören wollen (2Tim 4,3-4). Zahlenmäßiges oder strukturelles Wachstum ist nicht zwingend ein Anzeichen für ein Wachstum *des Wortes*. (Aber umgekehrt ist auch zahlenmäßiger Rückgang kein Anzeichen für ein Wachstum des Wortes; wir wollen nicht behaupten, kleine Gemeinden würden an sich das Wachstum des Wortes besser fördern als große!)

Die *zweite* Folgerung ist: Wir müssen bereit sein, Menschen aus unseren Gemeinden zu verlieren, wenn dieser Verlust dem Wachstum des Evangeliums dient. Wir müssen uns freuen, wenn wir Gemeindeglieder an andere Orte senden, damit das Evangelium dort ebenso wächst. Und wir müssen darauf gefasst sein: Das wird geschehen, wenn wir Wachstum des Wortes und Training ernst nehmen. Wenn Sie sich Zeit für Menschen nehmen und sie beraten und schulen, dann wird oft die Folge sein, dass einer Ihrer besten Leute – in den Sie zahllose Stunden investiert haben – Sie verlassen wird. Solche austrainierten Gläubigen werden auf das Missionsfeld gehen. Sie werden sich einem Gemeindegründungsteam in einem anderen Stadtteil anschließen. Sie werden eine Arbeitsstelle in einem anderen Teil des Landes annehmen, weil das Evangelium dort so sehr benötigt wird. Sie werden eine weiterführende Ausbildung antreten, vielleicht an einem theologischen Seminar oder einer Bibelschule. Wenn wir uns für das Wachstum des Wortes einsetzen, bedeutet das, dass wir Menschen nicht zum Nutzen unserer eigenen Gemeinde oder Gemeinschaft zu geistlicher Reife führen, sondern zum Nutzen des Reiches Christi.

Kapitel 7

Die *dritte* radikale Folgerung aus diesem Verständnis von »Wachstum des Wortes des Evangeliums« betrifft die Art und Weise, wie wir über Menschen denken. Wir betrachten sie nicht als Zahnräder in unserem Getriebe oder als Arbeitskräfte für unsere Projekte, sondern als Individuen, die beim Wachstum des Wortes jeweils in einem individuellen Entwicklungsstadium sind. Und unser Ziel für jeden ist, dass er weiterkommt, dass er Fortschritte macht, dass er von dort, wo er jetzt steht, einen Schritt voran geht.

Das wollen wir etwas detaillierter betrachten.

Wachstumsphasen des Wortes

Ganz allgemein betrachtet gibt es bei einem Menschen vier Hauptphasen im Wachstum des Wortes. Wir können sie wie folgt nennen:

- Evangelisation
- Nacharbeit
- Wachstum
- Training

Im Stadium der Evangelisation kommen Menschen zum ersten Mal mit dem Wort der Wahrheit in Kontakt. Das kann anfangs etwa durch ein Gespräch über irgendein Ereignis in ihrem Leben oder auf der Welt geschehen. Irgendwie erklärt ihnen dann jemand in irgendeinem (größeren oder kleineren) Zusammenhang das Evangelium. Der Same keimt und zu Gottes rechter Zeit und durch seinen Geist wird er aufgehen.

Wenn Menschen auf die Botschaft des Evangeliums mit Glauben an Christus reagieren, ist eine gewisse anfängliche *Nacharbeit* nötig, um sie im Glauben zu festigen und ihnen die Grundlagen beizubringen. Je nach Hintergrund und Umständen, aus denen sie zum Glauben kommen, kann diese Anfangsphase der

Festigung im Glauben zwischen einigen Monaten und mehreren Jahren dauern. Aber unabhängig von der Dauer ist es entscheidend, dass *überhaupt jemand* dem neubekehrten Christen treu zur Seite steht, um ihn zu belehren, um sich um ihn zu kümmern und um für ihn zu beten.

Dann folgt der lebenslange Prozess des *Wachstums* als Jünger Christi – ein Wachsen in der Erkenntnis Gottes und in einem gottgefälligen Charakter, der dieser Erkenntnis entspricht. Dieser Wachstumsprozess ist kein Sonntagsspaziergang. Er verläuft auf einem zielgerichteten und schmalen Weg, wie bei »Christ« in John Bunyans berühmten Buch *Pilgerreise* – mit vielen Höhen, Tiefen, Feinden und Abwegen entlang des Pfades. Christen werden an verschiedenen Stellen auf diesem Weg in Schwierigkeiten geraten und besondere Hilfe, Seelsorge und Gebet benötigen. Vielleicht ereilt sie schwere Krankheit oder eine große Versuchung, vielleicht werden sie von einer bestimmten Sünde überwältigt oder eine Zeit geistlicher Schwachheit oder Dürre kommt über sie. Unter allen diesen Umständen – in guten wie in schlechten Zeiten – ist das Rezept für geistliches Wachstum immer dasselbe: der Dienst des Wortes und des Geistes. Wenn die biblische Botschaft unter Gebet kommuniziert, praktisch angewendet und gehört wird, während der Geist Gottes am Herzen wirkt, dann kommt es zu geistlichem Wachstum.

Die vierte Phase – das *Training* – kommt nicht erst zeitlich nach Abschluss des Wachstums. (Das kann ja auch nicht sein, da wir nie aufhören zu wachsen.) Vielmehr vollzieht sich die »Trainingsphase« als Teil der Phase des Wachstums als Christ, denn geistliche Reife ist nicht individualistisch und selbstbezogen – als hätten wir den Höhepunkt der Christusähnlichkeit erreicht, wenn wir z. B. eine ganze Stunde stille Zeit am Tag machen. Christus ähnlicher zu werden heißt, in der Liebe zu wachsen und im Verlangen, anderen zu dienen. *Wir benutzen den Begriff »Training« für das Wachstum aller Christen in Kenntnis, Charakter und Kompetenz. Wenn sie in diesen drei Punkten Fortschritte machen, können sie in Liebe ihren Nächsten dienen,*

Kapitel 7

indem sie ihnen unter Gebet das Wort Gottes weitervermitteln – sei es evangelistisch zu Nichtchristen, neubekehrten Christen bei der Nacharbeit oder allen Christen beim alltäglichen geistlichen Wachstum. Wenn jeder Christ ein potenzieller Weinstockarbeiter ist (wie in Kapitel 4 gezeigt), dann ist das Training jene geistliche Wachstumsphase, in der Menschen für diese Arbeit zugerüstet, mobilisiert, ausgestattet und ermutigt werden. Es ist diese Phase, in der ihr Wachstum in Kenntnis (Glaubensüberzeugung), Charakter (Gottgefälligkeit) und Kompetenz (Fähigkeiten) sie dazu führt, dass sie anderen wirksam dienen können.

Der Wachstumsprozess des Wortes

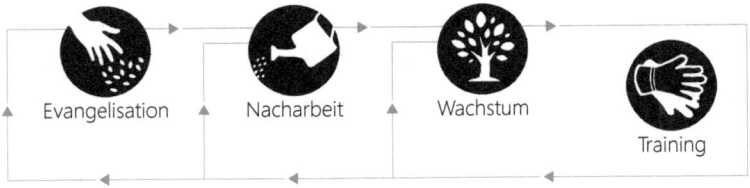

Dabei müssen wir aber zwei wichtige Punkte bedenken. *Erstens:* Zwar können und sollen alle Christen zu Weinstockarbeitern herangebildet werden, doch nicht alle haben denselben Dienst; nicht alle dienen auf dieselbe Weise oder im selben Umfang. Manche sind Prediger und Lehrer, andere leiten einen Bibelkreis, andere können sehr gut Nichtchristen erreichen und ihre Fragen beantworten; andere treffen sich vorwiegend persönlich mit Neubekehrten und festigen sie im Glauben, und noch andere lehren als Eltern ihre Kinder. Es gibt zahlreiche Szenarien und Möglichkeiten, um als Weinstockarbeiter zu dienen, und jeder einzelne Christ übernimmt dabei den Anteil, den Gott ihm gegeben hat.

Zweitens: Christen zu Weinstockarbeitern heranzubilden heißt nicht einfach, ihnen bestimmte Fähigkeiten beizubringen (wir haben das schon oben ausführlich erörtert). Bei christlicher

Jüngerschaft geht es um gesunde Lehre und einen gottgefälligen Lebenswandel; somit bedeutet, jemanden zum Dienst heranzubilden und zuzurüsten, ihm Gottgefälligkeit und biblisches Denken beizubringen und darin zu trainieren, anstatt ihm nur eine Reihe von Fähigkeiten beizubringen. Denn diese persönlichen Punkte des Charakters sind das, was er braucht, um anderen zu dienen. Um also beispielsweise einem neubekehrten Christen nachzugehen, müssen reifere Gläubige nicht nur wissen, wie man eine Reihe biblischer Grundlektionen durchgeht; sie müssen auch fähig sein, ein Vorbild eines reifen christlichen Glaubens und Wandels zu geben.

Über Menschen nachdenken

Wenn man das Wachstum im christlichen Glauben in Phasen betrachtet, hat das einen großen Vorteil: Wir können besser darüber nachdenken, wo Menschen stehen; wir können besser für sie beten und ihnen besser dienen. Wenn das Wachstum des Wortes wirklich auf der Ebene des persönlichen Lebens Einzelner geschieht, wie können wir dann jedem Einzelnen helfen voranzukommen? Wie können wir bei jedem Einzelnen das Wort Gottes zur Auswirkung kommen lassen?

Nachfolgend ein kleines Diagnosewerkzeug, das uns dabei hilft, Menschen einzuschätzen. Stellen Sie eine Liste von sieben Menschen aus Ihrem Bekanntenkreis und Ihrer Gemeinde zusammen – sowohl Nichtchristen als auch Christen. Wo steht jeder dieser Bekannten im Wachstum des Wortes? Wir können das ganz anschaulich machen, indem wir die verschiedenen »Wachstumsphasen des Wortes« in die Tabelle auf der folgenden Seite eintragen.[1]

---

[1] Diese Diagnose- oder Planungstabelle haben wir aus Peter Bolts hervorragendem Büchlein *Mission Minded* übernommen (Sydney: Matthias Media, 2000).

Kapitel 7

	Evangelisation		Nach-arbeit	Wachstum		Training	
	Offen für Glaubensthemen	Evangelium vertiefen		braucht Hilfe	ist fest gegründet	allgemein	spezifisch
Bob	X						
Jean				X			
Barry					X		
Tracey			X				
Don						X	
Mark		X					
Sarah							X

Einige Phasen haben wir nochmals unterteilt, um eine bessere Einschätzung zu erzielen.

Bob zum Beispiel ist noch kein Christ. Er ist definitiv in der Evangelisationsphase, aber bei Ihren Gesprächen mit ihm sind Sie noch nicht an den Punkt gekommen, wo Sie ihm den Inhalt des Evangeliums vermitteln können. Bislang haben Sie verschiedene »Brücken-Themen« angesprochen, die mit Gott, Glaube und Bibel zu tun haben und von denen ausgehend man das Evangelium erklären könnte, aber es steht noch alles am Anfang. Mark hingegen ist schon einmal zu einem Gästegottesdienst Ihrer Gemeinde gekommen und hat dabei eine Kurzfassung des Evangeliums gehört. Er ist noch nicht Christ geworden, aber er ist schon weiter als Bob.

In ähnlicher Weise werden Sie bei der Phase »Wachstum« feststellen, dass Jean unter die Kategorie »braucht Hilfe« fällt, während Barry »fest gegründet« ist. Beide sind schon seit ein paar Jahren Christen. Sie brauchen beide keine Basis-Nacharbeit mehr. Aber Jean geht durch eine wirklich schwere Zeit: Ihr ungläubiger Mann ist spielsüchtig und sie muss sich durchkämpfen, um ihre Kinder im Teenageralter quasi alleine zu erziehen. Sie ist immer fest im Glauben gewesen, ist aber in letzter Zeit zunehmend verbittert. Seitdem sieht man sie auch seltener im Gottesdienst und in der Bibelstunde. Jean braucht wirklich Hilfe. Sie braucht jemanden (oder mehr als nur einen), der bzw. die sie begleitet, sich um sie kümmert, mit ihr betet, sie anhand der Bibel ermutigt usw. Barry hingegen kommt geistlich ziemlich gut voran. Natürlich läuft nicht immer alles glatt, aber zurzeit macht er gute, solide Fortschritte im Herrn.

Wie gesagt, sind das nicht einfach schwarzweiße oder streng aufeinander folgende Kategorien. Nahezu alle Christen wechseln in verschiedenen Lebensphasen von »braucht Hilfe« zu »ist fest gegründet« und umgekehrt. Vielleicht ist nächstes Jahr Barry derjenige, der durch die Mangel gedreht wird. Aber um einschätzen zu können, was jeder im Moment braucht, um im Evangelium zu wachsen, sind solche Einteilungen nützlich.

Die Trainingsphase kann man ebenfalls sinnvoll weiter unterteilen: in allgemein und spezifisch. »Allgemein« meint eine Zurüstung für praktisch jeden Christen und »spezifisch« ein Training für einen spezifischen Dienst. Don zum Beispiel ist ein fest gegründeter, reifer Christ, der lernt, wie er seinen Glauben noch besser verstehen und das Evangelium seinen nichtchristlichen Kollegen weitersagen kann. Das ist allgemeine Schulung – denn alle Christen sollten dafür zugerüstet sein. Sarah hingegen ist eine sehr fähige und fürsorgliche Frau, die die Gabe hat, die Bibel verständlich zu erklären. Im Moment wird sie dafür geschult, einen der Frauenbibelkreise zu leiten, die sich am Donnerstagvormittag treffen.

Beim Verwenden einer solchen Tabelle geht es nicht darum, die Gemeindearbeit in das Schema solcher Listen zu pressen, sondern darum, uns zu helfen, *sich auf Menschen zu konzentrieren* – weil es bei Gemeindearbeit nicht um Programme geht, sondern um Menschen. Wenn wir nie über Individuen nachdenken und nie ausarbeiten, wo sie gerade stehen und wie und wo sie wachsen müssen, dann wäre unser Dienst wohl so, als würden wir mit

Kapitel 7

einer Schrotflinte aufs Geratewohl drauflos ballern. Das wäre, als würde ein Arzt sich sagen: »Alle meine Patienten als Individuen zu betrachten und alle ihre Krankheiten individuell zu diagnostizieren ist einfach zu schwierig und zu zeitaufwändig. Stattdessen werde ich alle meine Patienten einmal pro Woche versammeln und ihnen allen dieselbe Medizin geben. Ich werde die Medizin jedes Mal ein wenig variieren und damit werde ich jedem Einzelnen wenigstens etwas Gutes getan haben. Und so ist es viel effizienter und leichter zu bewältigen.«

Vielleicht haben manche Leser nun den Verdacht, dass das alles allmählich doch viel zu ablehnend gegenüber der herkömmlichen Predigt und Gemeindeform klingt; und wenn Sie erst einmal die Überschrift von Kapitel 8 sehen – »Warum Sonntagspredigten nötig sind, aber allein nicht ausreichen« –, wird der Verdacht noch schlimmer. Wir werden darüber in Kapitel 8 noch ausführlicher sprechen; hier soll es zunächst genügen zu sagen, dass wir die herkömmliche Gemeindeform durchaus befürworten und die Predigt für eine unverzichtbare, wertvolle und höchst effektive Form halten, Gottes Wort zu verkünden. Nur ist die Predigt nicht die einzige Form oder Weise, um Wachstum des Wortes zu erzielen. Wenn es beim Wachstum des Weinstocks um das Wachstum von *Menschen* geht, müssen wir jedem Einzelnen helfen zu wachsen, und zwar angefangen dort, wo er gerade steht. Es muss den aufwändigen, individuellen Dienst an Menschen ebenso geben wie die effizienteren Dienste in größeren Gruppen. Diese Art von individuellem Dienst ist es, was Paulus in 1. Thessalonicher 5 meint:

> Wir bitten euch aber, Brüder, dass ihr die anerkennt, die unter euch arbeiten und euch vorstehen im Herrn und euch zurechtweisen, und dass ihr sie ganz besonders in Liebe achtet um ihres Werkes willen. Haltet Frieden untereinander! Wir ermahnen euch aber, Brüder: Weist die Unordentlichen zurecht, tröstet die Kleinmütigen, nehmt euch der Schwachen an, seid langmütig gegen alle. (1Thes 5,12-14)

Die Leiter arbeiten hart, um ihrer wichtigen Aufgabe gerecht zu werden, und deshalb sollen sie »anerkannt« und hoch geschätzt werden. Die »Brüder« müssen sich aber noch in einer weiteren, ebenso wichtigen Aufgabe engagieren, nämlich einzelnen Christen in allen möglichen Lebenssituationen zu dienen.

Auch hierfür erweist sich ein Diagnose-Werkzeug wie die oben genannte Tabelle als äußerst nützlich. Sie hilft uns zu erkennen, was Menschen als nächstes brauchen – und das heißt immer, ihnen zu helfen, einen Schritt weiterzukommen. Was Jean, die Hilfe braucht, als nächstes nötig hat, ist (wieder) Festigkeit im Glauben zu gewinnen. Was der fest gegründete Barry als nächstes braucht, ist ein wenig Ermutigung und Training, damit er anfangen kann, anderen zu dienen, statt einfach nur weiter darin zu wachsen, für sich selbst glücklich zu sein. Bob, der bereits für verschiedene Themen offen ist, muss als nächstes nicht nur allgemeine Fragen über Gott oder den christlichen Glauben diskutieren, sondern darüber hinaus das Evangelium hören.

Übrigens: Falls Sie Pastor einer Gemeinde sind, wird eine solche Tabelle Ihnen auch helfen zu erkennen, wo Lücken klaffen und Bedürfnisse bestehen. In einer gesunden Gemeinde, wo das Evangelium wächst, verteilen sich die Menschen passend auf alle Kategorien. Wenn Sie alle Leute sowohl in Ihrer Gemeinde als auch ihre sonstigen Kontakte aufzählen, dann werden Sie rasch erkennen, worin die Herausforderungen liegen. Wenn es nur sehr wenige Leute in der Kategorie »Evangelisation« gibt, dann tut Ihre Gemeinde nicht genug für die Kontakte zu Nichtchristen und die persönliche Evangelisation. Wenn hingegen viele in der Kategorie »Evangelisation« sind, aber fast niemand unter die Rubrik »Nacharbeit« fällt, dann gibt es bei Ihnen wahrscheinlich eine Menge Veranstaltungen und Programme, um mit Menschen in Kontakt zu kommen, aber es fehlt an tatsächlichen Bekehrungen (womöglich weil es an Gebet fehlt) und daher sind kaum Neubekehrte für die Nacharbeit da. Und so kann man fortfahren.

Kapitel 7

Training ist der Motor für das Wachstum des Wortes – des »Wortes der Wahrheit des Evangeliums«, das »Frucht bringt und wächst« (Kol 1,5-6). Der geistliche Weg zu mehr Wachstum des Wortes besteht darin, immer mehr reife, geistlich gesinnte Christen zu Weingärtnern auszubilden. D. h. man sorgt dafür, dass immer mehr Menschen zugerüstet und angespornt werden, das Wort unter Gebet anderen weiterzusagen – sei es evangelistisch, in der Nacharbeit oder beim Wachstum im Glauben.

Leider investieren die meisten Gemeinden und Pastoren kaum Mühe in Training. Man meint, grundsätzlich sei es Sache des Pastors, für Wachstum des Wortes zu sorgen; und da das für ihn auf persönlicher oder individueller Ebene praktisch unmöglich ist, wird alles auf allgemeiner Ebene und in Großgruppen erledigt. Und ehe man sich versieht, zehrt die Planung und Durchführung von Veranstaltungen, Gruppen, Besprechungen und Strukturen die Zeit des Pastors und die Woche des Gemeindeglieds auf.

Es gibt eine Alternative. Ehe wir aber mehr darüber sagen, wie ein Trainingsdienst praktisch aussieht, wollen wir erst auf einige Fragen eingehen, die manchen Lesern bestimmt schon eine Zeitlang im Kopf brodeln.

8

Warum Sonntagspredigten nötig, aber nicht ausreichend sind

Bei unserer Ausführung sind wir nun an einen Punkt gelangt, an dem wir innehalten und näher betrachten müssen, wie unser Modell des Trainings und des Wachstums mit der Realität unserer bestehenden Gemeindestrukturen, -modelle und -praxis kollidiert. Es wird nämlich damit kollidieren! Was uns am meisten daran hindert, unsere Gemeindearbeit zu überdenken und umzugestalten, ist die Trägheit der Tradition – ob nun die althergebrachten Traditionen unserer Konfession und Gemeindemitglieder oder die jüngeren Traditionen der Gemeindewachstumsbewegung, die in vielen evangelikalen Gemeinden zu einer Art unausgesprochener Dogmatik geworden sind.

Wir werden auf die etwas beunruhigende Aussage, die in der Überschrift dieses Kapitels enthalten ist, noch zurückkommen; zuerst aber wollen wir zwei weit verbreitete Ansätze für den Hirtendienst des Pastors betrachten und sie dann mit dem Ansatz vergleichen, den wir in diesem Buch vertreten. Natürlich sind diese verbreiteten Ansätze Klischees und können die vielschichtige Wirklichkeit des Gemeindedienstes nicht in all ihren Schattierungen widerspiegeln. Allerdings trauen wir Ihnen zu, dass Sie die von uns geschilderten Strukturen und Tendenzen nachvollziehen und mit Ihrer eigenen Situation vergleichen und Parallelen finden können.

Wir wollen drei Ansätze oder Schwerpunkte untersuchen:

Kapitel 8

- der Pastor als geistlicher Dienstleister,
- der Pastor als Vorstandsvorsitzender,
- der Pastor als Trainer.

Der Pastor als geistlicher Dienstleister

Bei dieser Vorstellung von Gemeindeleben und -dienst besteht die Rolle des Pastors darin, für die Gemeinde zu sorgen und sie geistlich zu ernähren. In diesem Sinn ist er ein professioneller Geistlicher (ob man ihn nun »Geistlicher« nennt oder nicht), und die Gemeinde wie auch der Pastor selbst erwarten, dass er für bestimmte Hauptaufgaben bezahlt wird:

- die Herde durch Sonntagspredigten und Sakramente ernähren;
- die Sonntagsgottesdienste organisieren und abhalten;
- verschiedene Anlass-Dienste (»Kasualien«) zu verschiedenen Zwecken ausüben, wie etwa Taufen, Trauungen, Beerdigungen und vielleicht Gästegottesdienste;
- Gemeindemitgliedern mit persönlicher Seelsorge beistehen, besonders wenn sie eine Krise durchmachen.

Das ist das klassische evangelisch-reformierte Modell des ordinierten Pastors, der die Herde weidet, die Christus ihm anvertraut hat. Und es hat einige große Stärken:

- Es stellt zu Recht die Predigt des Wortes in den Mittelpunkt des Dienstes;
- die ganze Gemeinde versammelt sich sonntags als Familie zu Gebet, Anbetung und Predigt;
- Besondere Anlässe (»Kasualien«) sind eine Gelegenheit zur Evangelisation;
- der Pastor kümmert sich um seine Leute, wenn es ihnen schlecht geht.

Warum Sonntagspredigten nötig, aber nicht ausreichend sind

Allerdings weist dieser Ansatz einige handfeste und offenkundige Schwächen auf. Erstens wird der Dienst in der Gemeinde von den Gaben und dem Leistungsvermögen des Pastors begrenzt – etwa, wie gut er predigt und wie viele Menschen er persönlich kennen und ihnen als Seelsorger dienen kann. Bei diesem Modell wird es für die Gemeinde sehr schwierig, über eine bestimmte Grenze hinaus zu wachsen (gewöhnlich liegt diese zwischen 100 und 150 aktiven Mitgliedern).

Der vielleicht auffälligste Nachteil dieses Modells des geistlichen Dienstes liegt darin, dass es ein »Konsumverhalten« nährt und pflegt, das in unserer Kultur schon tief verwurzelt ist. Das Modell passt vollkommen zu unserem Zeitgeist: Wir bezahlen ausgebildete Profis dafür, alles für uns zu tun, statt es selbst zu tun – sei es, unser Auto zu waschen, unsere Hemden zu bügeln oder unseren Hund auszuführen. Die Tendenz geht dahin, dass auch das Christenleben und die christliche Gemeinschaft auf eine, maximal einerinviertel Stunde am Sonntagmorgen reduziert werden, wobei nur wenige oder gar keine Beziehungen gepflegt werden und die Gemeinde selbst kaum einen echten Dienst tut. In einer solchen Gemeindekultur fällt es der Gemeinde sehr leicht, fast ausschließlich in Begriffen des »Was-habe-ich-davon?« zu denken und davon ausgehend leicht in Kritik und Klage zu verfallen, wenn es einmal nicht so läuft, wie es einem passt.

Sogar bei der an sich guten Praxis der Pastoralseelsorge kann es dazu kommen, dass man nur noch vor Augen hat, der Pastor müsse sich um »mich« kümmern – so dass man es etwa für unzureichend hält, wenn man »nur« vom Co-Pastor oder einem Ältesten besucht wird: »Der Pastor hat ihn bloß geschickt, weil er sich nicht die Mühe machen wollte, selbst zu kommen.«

Schuld an alledem ist nicht einfach nur der »Konsument«! Bei all den historisch gewachsenen Stärken dieses Modells vermittelt es den Gemeindemitgliedern doch klar den Eindruck, dass ihre Aufgabe nicht das Geben ist, sondern das Nehmen. Dieses Modell neigt dazu, geistliche Konsumenten zu produzieren statt aktiver Jünger Christi, und sehr leicht bleibt es dann im »Betriebserhaltungsmodus« stecken. Mission und Evangelisation, sowohl durch einzelne Gemeindemitglieder als auch durch die ganze Gemeinde, stehen auf der Aufgabenliste ganz unten.

Diese Vorstellung vom Pastoraldienst spiegelt in vielerlei Hinsicht die Kultur und Normen einer ganz anderen Welt wider – der Welt der christianisierten Nationen des 16. und 17. Jahrhunderts, in der die ganze Gesellschaft zur Kirche gehörte, wobei der Pastor einer der wenigen war, die genügend gebildet waren, um lehren zu können.

Der Pastor als Vorstandsvorsitzender

In vielerlei Hinsicht ist die »Gemeindewachstumsbewegung« der 1970er und 80er Jahre eine direkte Reaktion auf das traditionelle evangelisch-reformierte Modell vom geistlichen Amt und Gemeindeleben. Man erkannte einige der Schwächen, die wir skizziert haben, und begann darüber nachzudenken, was man dagegen machen könne. Stark verallgemeinernd gesagt, ergab sich dadurch eine Reihe bedeutender Veränderungen:

- Der Pastor war immer noch der professionelle Geistliche, aber seine Rolle konzentrierte sich nun mehr darauf, die Gemeinde als Organisation, die bestimmte Ziele verfolgt, zu leiten. Der Pastor war immer noch ein Prediger und geistlicher Dienstleister, aber nun auch ein leitender Manager, der dafür verantwortlich war, dass sein Aufgabenbereich in einem größeren Maßstab erfüllt wurde. Wenn es zu Wachstum kommen sollte, dann musste der Pastor lernen, welcher Unterschied zwischen dem Betreiben eines kleinen Tante-Emma-Ladens und eines Kaufhauses mit zahlreichen Angestellten und einer Vielfalt an Dienstleistungen besteht.
- Der Schwerpunkt der Sonntagsveranstaltung verlagerte sich hin zu einem Attraktions-Modell – mit der Anziehungskraft

von moderner Musik, Bühnenausstattung und einer Predigt, die auf Besucher und neue Gemeindemitglieder attraktiv wirken würde. Wenn die Gemeinde wachsen sollte, musste ihre »Geschäftsfassade« für den »Zielmarkt« wesentlich ansprechender gestaltet werden. Es mag übertrieben klingen, aber für viele Gemeinden war das ein Umdenken, bei dem das Evangelium absolut im Mittelpunkt stand. Es folgte aus dem durchaus geistlich gesinnten Wunsch, unnötige kulturelle Barrieren abzubauen, die Menschen daran hinderten, Gottes Wort zu hören, und dafür zu sorgen, dass das einzige, was an der Gemeinde komisch, anstößig oder befremdlich wirkte, das Evangelium selbst war.

- Statt der Anlass-Gottesdienste des althergebrachten Modells stellte die Gemeindewachstumsbewegung eine revolutionäre Flut neuer Programme und Veranstaltungen auf die Beine, die sowohl für Gemeindeglieder als auch für Außenstehende gedacht waren – darunter alles Mögliche von evangelistischen Kursen und Programmen über Außeneinsätze, die auf die kirchenfernen Bekannten der Gemeindeglieder attraktiv wirken sollten, bis hin zu Seminaren und Programmen, die den Gemeindegliedern in verschiedenen Lebensbereichen helfen sollten wie Kindererziehung, Umgang mit Depressionen usw.

- Man fragte sich: Wie könnte man in einer Gemeinde mit 500 (statt nur 150) Mitgliedern jeden Einzelnen kennen, sich um ihn kümmern, für ihn beten und ihm in Notzeiten helfen? Individuelle Seelsorge durch angestellte Pastoren (geschweige denn einen einzigen Pastor) wäre rein logistisch unmöglich – besonders wenn man bedenkt, wie viele andere Aktivitäten und Veranstaltungen auf dem Programm stehen. Die Lösung war: kleine Hauskreise, in denen Gemeindeglieder tiefere persönliche Beziehungen pflegen konnten und in dem man sich besser kennen lernen und umeinander kümmern konnte.

Eine der Hauptstärken und -vorzüge des Gemeindewachstums-Ansatzes besteht darin, dass er die *Beteiligung* der Gemeinde fördert. Das ist eine der entscheidenden Einsichten der Bewegung: Wenn Sie wollen, dass jemand Ihrer Gemeinde beitritt und sich dazugehörig fühlt, dann muss er eine Aufgabe bekommen. Die Gemeindewachstumsforschung zeigt: Wenn Sie für jemanden innerhalb der ersten sechs Monate, in denen er in Ihre Gemeinde kommt, eine Tätigkeit, Aufgabe oder Möglichkeit finden, sich persönlich in irgendeinen Dienst einzubringen, dann verbessert das erheblich die Chancen, dass dieser Neuling langfristig Mitglied der Gemeinde bleibt.

Eine weitere Schlüsselstärke des Gemeindewachstums-Ansatzes ist, dass er erkennt: Wenn eine Gemeinde zahlenmäßig wachsen will, muss mehr Arbeit in das Spalier gesteckt werden. Die Parole heißt: Der Pastor muss weniger Zeit »im laufenden Geschäftsbetrieb« verbringen und dafür mehr »mit dem Geschäft«. So funktionieren nun einmal Wachstum und Wandel einer Organisation; und dieses Denken in »Gemeindewachstums«-Kategorien hat vielen Pastoren geholfen, solche Führungs-Herausforderungen zu meistern.

Zweifellos sind viele Gemeinden in den letzten 30 Jahren dadurch gewachsen, dass sie die Gemeindewachstums-Prinzipien erfolgreich angewendet haben. Das hat Gemeinden befähigt, über die 150-Mitglieder-Schwelle hinaus zu wachsen und eine aktivere Einbeziehung der Gemeindeglieder in verschiedene Gemeindegruppen, Aktivitäten und Programme gefördert.

Die Kehrseite ist: Um Zahl und Engagement ihrer Mitglieder zu erhöhen, haben viele Gemeinden der Gemeindewachstumsbewegung auch die Konsumhaltung unserer Gesellschaft übernommen. Man hat Erfolge erzielt, indem man ein attraktives und auf die Allgemeinheit ansprechend wirkendes »Produkt« anbietet; aber das Ergebnis ist nicht immer, dass das Wort mehr unter Gebet verkündigt wird und daraus mehr echtes geistliches Wachstum erfolgt. Viele Menschen werden einbezogen, man kümmert sich um sie und hilft ihnen im Alltag; aber wachsen diese Menschen auch als Jünger und in ihrem Auftrag als Christen?

Nachdem die Willow Creek Community Church 20 Jahre lang an vorderster Front der Gemeindewachstumsbewegung stand, musste sie im Jahr 2007 dieses Manko bei sich entdecken. Bei einer detaillierten Umfrage unter den Mitgliedern von Willow Creek stellte sich heraus: Man unterhielt zwar eine der professionellsten und bestorganisierten Kirchen Amerikas mit vorzüglichen Strukturen, hochwertigen Musik- und Theaterdarbietungen und einem beeindruckenden Maß an Engagement der Mitglieder in allen möglichen Kleingruppen und Tätigkeiten; persönliches geistliches Wachstum als Jünger aber fand nicht statt.[1]

Man kann diese beiden Ansätze wie folgt tabellarisch darstellen:

	Der Pastor als Geistlicher	Der Pastor als Vorstandsvorsitzender
Der Pastor ist ...	Prediger und Dienstleister	Prediger und Manager
Am Sonntag ist ...	Gottesdienst	eine attraktive Versammlung
Während der Woche gibt es ...	Dienste zu besonderen Anlässen (»Kausalien«)	eine ganze Reihe von Veranstaltungen und Programmen
Hirtendienst erfolgt durch ...	Seelsorge und Hausbesuche	Kleingruppen
Die Gemeinde ist wie ...	ein kleiner Tante-Emma-Laden und 1-Mann-Betrieb	ein Kaufhaus mit zahlreichen Angestellten
Das macht die Gemeindeglieder gewöhnlich zu ...	Konsumenten im Betriebserhaltungsmodus	Konsumenten im Wachstumsmodus

---

[1] Siehe G. Hawkins und C. Parkinson, *Reveal: Where Are You?* (Chicago: Willow Creek Resources, 2007).

Kapitel 8

Der Pastor als Trainer

Wir haben anhand der Bibel erklärt:

- Echtes geistliches Wachstum geschieht nur, wenn der Heilige Geist durch das Wort Gottes an den Herzen wirkt;
- alle Christen haben das Vorrecht und die Verantwortung, das Wort Gottes unter Gebet weiterzusagen – untereinander und zu Nichtchristen; das ist das Mittel, wodurch Gott dieses Wachstum gibt.

Wenn diese beiden Grundsatzthesen richtig sind, dann brauchen wir eine andere Vorstellung von Gemeindeleben und Hirtendienst: Die Verkündigung des Wortes unter Gebet muss im Zentrum stehen; Christen müssen trainiert und zugerüstet werden, um anderen am Wort Gottes zu dienen. Unsere Gemeinden müssen Trainingszentren werden, wo Menschen angeleitet und ausgebildet werden, Jünger Christi zu sein, die wiederum selbst versuchen, andere zu Jüngern zu machen.

- Nach dieser Vorstellung ist der Pastor ein betender Prediger, der durch seine biblische Auslegungspredigt den gesamten Dienst prägt und vorantreibt. Das ist ein wesentlicher und grundsätzlicher Punkt. Entscheidend aber ist, dass der Pastor auch ein Trainer ist. Er hat weder bloß die Aufgabe, geistliche Dienste zu leisten, noch den gesamten Dienst allein zu tun. Seine Aufgabe ist es, die Gemeinde zu lehren und zu trainieren – durch sein Wort und seinen Wandel –, damit die Gläubigen zu jüngermachenden Jüngern Jesu werden. In diesem Modell wird die Unterscheidung zwischen »Klerus« und »Laien« radikal aufgelöst. Es geht nicht darum, zu dienen und bedient zu werden, sondern dass der Pastor und seine Herde in enger Partnerschaft in vielen verschiedenen Diensten am Wort zusammenarbeiten.
- Diese Betonung des Trainings verbessert auch unsere Sonntagsgottesdienste; denn dadurch wird die geistliche Reife der

Gottesdienstteilnehmer ebenso gefördert wie ihr Wachstum im Wort. Wir leiten Menschen dazu an, aktiv zu werden und zu dienen, statt nur Zuschauer und Konsumenten zu sein. Die Gemeinde wird zu einer Versammlung von jüngermachenden Jüngern in der Gegenwart ihres Herrn. Sie begegnen ihm, hören auf sein Wort, antworten ihm mit Umkehr, Anbetung und Glauben und fördern einander in der Jüngerschaft. Die Gemeindeversammlung ist dann nicht nur eine Art geistliches Theater (wo ein Gottesdienst vor Zuschauern aufgeführt wird), sondern auch ein Ansporn und Antrieb dafür, dass jeder Jünger in der kommenden Woche selber Gott anbeten und sein Wort weiterverbreiten wird.

- Wo der Pastor ein Trainer ist, wird es wichtiger genommen, dass Menschen Menschen dienen, als dass Strukturen, Programmen und Veranstaltungen organisiert werden. Evangelisation wird dadurch stattfinden, dass Jünger ihren Mitmenschen nachgehen: zu Hause, in der Verwandtschaft, in der Nachbarschaft, am Arbeitsplatz, in der Schule usw. Programme, Veranstaltungen und Gästegottesdienste werden weiterhin nützliche Strukturen sein, um die Bemühungen der Gemeindeglieder darauf zu konzentrieren und ihnen die Möglichkeit zu geben, Freunde einzuladen; die eigentliche Evangelisationsarbeit unter Gebet leisten die Jünger jedoch selbst. Um unser Beispiel aus dem vorherigen Kapitel zu nehmen: Don nimmt sich die Zeit, Bob näher kennenzulernen und bietet ihm dann an, gemeinsam das Johannesevangelium zu lesen.

- Die pastorale Fürsorge gründet bei diesem Ansatz ebenfalls darauf, dass Jünger geschult werden, sich um andere Christen zu kümmern und sie zu Jüngern zu machen. Kleingruppen können dafür als geeignete Strukturen genutzt werden; aber die Struktur allein wird nicht dazu führen. Unser Ziel darf nicht einfach lauten: »Bringt die Leute in Kleingruppen!« Die Kleingruppenstruktur wird erst dann effektiv zu geistlichem Wachstum beitragen, wenn Christen darin geschult und trainiert werden, sich zu treffen, um die Bibel zu lesen, miteinander zu beten und einander zu Liebe und guten Werken anzureizen. Menschen mögen einander in Kleingruppen kennenlernen, ein Gefühl der Zusammengehörigkeit und Gemeinschaft verspüren, herzliche Freundschaften entwickeln und sich infolge dessen stärker verpflichtet sehen, die Gemeinde regelmäßig zu besuchen und sich in sie einzubringen; aber das allein führt noch nicht zu Wachstum im Wort des Evangeliums. Ein Großteil der Weinstockarbeit – persönliche Ermutigung und Jüngerschaftstraining – kann in einer Gemeinde durchaus ohne organisierte Kleingruppen, sondern ganz direkt von Mensch zu Mensch stattfinden.[2]

Das Modell vom »Pastor als Trainer« unterscheidet sich erheblich von den anderen beiden Modellen, wie die Tabelle auf der nächsten Seite zeigt.

An dieser Stelle ist es gut, sich nochmals die Warnungen zu vergegenwärtigen, die wir weiter oben in diesem Kapitel angesprochen haben (falls sie Ihnen schon entfallen sind). Es ist unvermeidlich, dass wir in dieser Abhandlung Strohmann-Argumente aufbauen und Klischees benutzen. Keine Gemeinde entspricht einem dieser Modelle als perfektes Beispiel; jede Gemeinde hat ihre erheblichen individuellen Unterschiede. Wenn Sie etwa Ihre eigene Gemeinde betrachten, werden Sie gewiss feststellen, dass sie eine eigene Mischung von zwei oder mehr der genannten Modelle bildet!

Gleichwohl ist es als Gedankenexperiment nützlich, diese drei Ansätze zu skizzieren. Die Tendenzen und Traditionen sind ebenso erkennbar wie deren Auswirkungen.

---

[2] Weitere Denkanstöße über Kleingruppen und wie sie nützliche Werkzeuge für das Wachstum des Evangeliums sein können, siehe bei Colin Marshall, *Growth Groups* (Sydney: Matthias Media, 1995).

Warum Sonntagspredigten nötig, aber nicht ausreichend sind

	Der Pastor als Geistlicher	Der Pastor als Vorstandsvorsitzender	Der Pastor als Trainer
Der Pastor ist ...	Prediger und Dienstleister	Prediger und Manager	Prediger und Trainer
Am Sonntag ist ...	Gottesdienst	eine attraktive Versammlung	eine Versammlung von Jüngern zu ihrem Herrn, die ihn anbeten und ihm dienen
Während der Woche gibt es ...	Dienste zu besonderen Anlässen (»Kausalien«)	eine ganze Reihe von Veranstaltungen und Programmen	Jünger »gehen hin«, um Jünger zu machen
Hirtendienst erfolgt durch ...	Seelsorge und Hausbesuche	Kleingruppen	Menschen, die anderen Menschen geistlich dienen
Die Gemeinde ist wie ...	ein kleiner Tante-Emma-Laden und 1-Mann-Betrieb	ein Kaufhaus mit zahlreichen Angestellten	ein Team mit einem aktiven Spieler-Trainer
Das macht die Gemeindeglieder gewöhnlich zu ...	Konsumenten im Betriebserhaltungsmodus	Konsumenten im Wachstumsmodus	Jüngern im Missionsmodus

Warum die Sonntagspredigt allein nicht ausreicht

Vielleicht kann man unsere These in diesem Kapitel am besten durch die Aussage ausdrücken: Sonntagspredigten sind notwendig, reichen allein aber nicht aus. Das mag für manche unserer Leser wie Ketzerei klingen, und in einem gewissen Sinn hoffen wir, dass es durchaus etwas schockierend klingt. Werten wir die Predigt etwa herab? Sicher sind doch gottgefällige, gewissenhafte, von Gebet begleitete Auslegungspredigten alles, was wirklich nötig ist, um die Gemeinde Christi aufzuerbauen?

Predigten sind durchaus nötig, aber sie sind nicht *alles*, was nötig ist. Sagen wir es ganz unmissverständlich: Vollmächtige, überzeugende und bibeltreue Auslegungspredigten sind absolut lebenswichtig und nötig für das Leben und Wachstum unserer Gemeinden. Schwache und unzureichende Predigten schwächen unsere Gemeinden – ganz nach dem geflügelten Wort: »Mini-Predigten erzeugen Mini-Christen.«[3] Umgekehrt ist die klare, kräftige, machtvolle öffentliche Predigt das Grundgestein und Fundament, auf dem jeder andere Dienst in der Gemeinde aufbaut. Die Predigt ist ein Ruf, zusammenzukommen. Durch sie kann die ganze Gemeinde auf einmal mit Gottes Wort genährt und dadurch herausgefordert, getröstet und erbaut werden. Der öffentliche Predigtdienst ist wie ein Rahmen, der Maßstab und Tagesordnung für alle anderen Dienste am Wort setzt. Wir wollen nicht, dass man weniger Wert auf die Predigt legt oder weniger Mühen dafür verwendet! Ganz im Gegenteil; wir sehnen uns nach mehr geistlich gesinnten, begabten Bibellehrern, die ihre Gemeinden durch die Macht des gepredigten Wortes im wahrsten Sinne des Wortes anfeuern.

Wenn wir sagen, dass Predigten (im Sinne von Bibelauslegungen in unseren Sonntagsversammlungen) notwendig sind, aber alleine nicht genügen, bestehen wir damit schlicht auf der theologischen Wahrheit, dass es das Wort des Evangeliums ist, das genügt, und weniger eine bestimmte Form, in der es dargeboten wird. Wir können sogar sagen, dass die Verkündigung des Wortes in der Kraft des Heiligen Geistes vollkommen genügt; allerdings trifft das auf die Form der 25-Minuten-Predigt an sich nicht zu.

Wir sagen das, weil das Neue Testament uns dazu zwingt. Wie wir bereits feststellten, erwartet Gott von allen Christen, dass sie Jünger machen, indem sie unter Gebet das Wort Gottes weitersagen – auf welche Weise und in welchem Ausmaß ihre Begabung und die Umstände es jeweils gestatten. Wenn Gott alle Mitglieder der Versammlung dazu begabt hat, sich am

---

3 »Engl. Sermonettes produce Christianettes«, dieser Ausspruch wurde u. a. von C. H. Spurgeon verwendet.

Jüngermachen zu beteiligen, warum sollten wir dann alle zum Schweigen bringen, die etwas dazu beitragen können, bis auf einen (den Prediger), und dann meinen, das wäre genügend oder annehmbar?

In seinem hervorragenden Buch über das Predigen, *Speaking God's Words*, untersucht Peter Adam detailliert, wie der Dienst am Wort im Neuen Testament aussieht. Dabei betrachtet er auch, wie der geistliche Dienst von Johannes Calvin und Richard Baxter aussah und wie er in heutigen Gemeinden aussieht. Er kommt zu folgendem Schluss:

> Während die Predigt ... nur eine Form des Dienstes am Wort darstellt, finden wir in der Bibel und im heutigen Gemeindeleben noch zahlreiche weitere Formen. Es ist wichtig, dass wir diesen Punkt klar verstehen; sonst würden wir der Predigt eine Last auferlegen, die sie nicht tragen kann – d. h. wir würden ihr alles aufbürden, was die Bibel von allen Formen des Dienstes am Wort insgesamt erwartet.[4]

Adam definiert dann Predigen so: »Das Wort wird der Gemeinde Christi erklärt und auf sie praktisch angewendet, um alle gemeinsam zum Dienst zuzurüsten, zur Einheit im Glauben zu führen, zur Reife, zu Wachstum, und um sie zu erbauen.«[5] Er weist aber auch darauf hin, dass die Sonntagspredigt nicht die einzige Art und Weise darstellt, wie der Leib Christi erbaut wird:

> Zwar mögen Einzelne in ihrer Eigenschaft als Mitglieder der Gemeinde erbaut werden; es kann aber auch sehr wohl andere Bereiche geben, in denen sie Korrektur und Unterweisung in der Gerechtigkeit brauchen, die nicht durch die Sonntagspredigt abgedeckt werden, weil es nun einmal in der Natur der

---

[4] Peter Adam, *Speaking God's Words: A Practical Theology of Preaching* (Leicester: IVP, 1996), S. 59.
[5] Ebd., S. 71.

Sache liegt, dass die praktischen Anwendungen in ihr nur sehr allgemein gehalten sein können.[6]

»Schön und gut«, mögen Sie fragen: »Was soll uns das nun sagen? Etwa, dass wir neben einer 25-Minuten-Predigt auch noch 50 Zeugnisse zu je einer Minute aus den Reihen der Gemeinde hören sollten?«

Dass könnte einen faszinierenden und ermutigenden (aber ziemlich langen) Sonntagsgottesdienst ergeben, aber das wollen wir damit nicht vorschlagen. Der Sonntagsgottesdienst ist nämlich nicht der einzige Ort, wo »Gemeinde geschieht«. Das wusste schon einer der bedeutenden Prediger unserer evangelisch-reformierten Tradition sehr gut.

Das Vorbild von Richard Baxter

Der Name Richard Baxters ist für immer mit seinem Klassiker *The Reformed Pastor* verbunden.[7] Interessant dabei ist, dass Baxter mit »Reformed« oder »reformiert« gar nicht die reformierte Lehrrichtung meinte (obwohl seine eigene Theologie sicherlich in diesem Sinne »reformiert« war), sondern vielmehr einen Pastoraldienst, der rundum erneuert ist und vor Kraft, Eifer und Willen nur so strotzt. Baxter schrieb: »Wollte Gott doch nur die Prediger erneuern und wieder dahin bringen, ihre Pflicht eifrig und treu zu tun! Dann würde das Volk gewiss erneuert [engl. *reformed*] werden.«[8]

Baxters beachtlicher Dienst unter den 800 Familien des Dorfes Kidderminster begann 1647 und verwandelte die Gemeinde. Seine Strategie für den Pastoraldienst wurde während der cha-

---

6 Ebd.
7 Auf Deutsch unter dem Titel »Das Predigeramt aus Sicht eines Puritaners« erschienen, 3L Verlag 2012.
8 Richard Baxter, *Reliquiae Baxterianae*, Hg. M. Sylvester (London 1696, S. 115), zit. in J. I. Packer, *A Quest for Godliness* (Wheaton: Crossway Books, 1990), S. 38.

otischen Zeit nach dem englischen Bürgerkrieg geprägt, als die Reformen der Westminster-Synode gescheitert waren und es keinerlei kirchliche Autorität und Gemeindezucht mehr gab. Baxter wollte sicherstellen, dass jedes Gemeindeglied die Grundlagen des Glaubens und eines gottgefälligen Lebenswandels verstanden hatte. Das Buch *The Reformed Pastor*, das 1656 veröffentlicht wurde, ist eine einzige, ausführliche Ermahnung an seine Amtskollegen, ihren Dienst nicht bloß rein formell auszuüben, sondern persönlich und nahe an den Menschen.

Bei diesem Aufruf zur Erneuerung der Geistlichkeit und des Gemeindelebens ging es Baxter in erster Linie um die Rettung von Seelen: »Wir versuchen, die Welt am Leben zu erhalten, sie vor dem Fluch Gottes zu retten, die Schöpfung zu vervollkommnen, das Ziel zu erreichen, für das Christus gestorben ist, uns und andere vor der Verdammnis zu retten, den Teufel zu überwinden und sein Reich zu zerstören, das Reich Christi aufzurichten und anderen ins Reich der Herrlichkeit zu verhelfen.«[9]

Jeder Abschnitt seines Buches ist durchdrungen von solchen drängenden Appellen, Seelen zu retten – sowohl dort, wo er darüber schreibt, dass der Pastor auf sich selbst achten muss als auch darüber, dass er die Herde hüten soll. Die dringende Notwendigkeit, Seelen zu retten, war für Baxter die wahre Ursache und Agenda für die Reformation der Kirche. Und das könne nicht durch rein strukturelle Änderungen erreicht werden:

> Ich kann mich gut an die Zeit erinnern, als ich ernsthaft um Reformation hinsichtlich der Zeremonien bemüht war ... Doch ach! Sollten wir meinen, dass Reformation dadurch vollbracht wäre, dass wir ein paar Zeremonien abschaffen und ein paar Gewänder, Gesten und Äußerlichkeiten ändern? O nein, meine Herren! Die Bekehrung und Rettung von Seelen,

---

[9] Richard Baxter, *The Reformed Pastor*, 5. Aufl. (London: Banner of Truth, 1974), S. 112. Anm. des dt. Herausgebers: Den Postmillennialismus (die Hoffnung auf ein diesseitiges sichtbares Reich Gottes) Baxters teilen wir nicht.

Kapitel 8

das ist unsere Aufgabe! Das ist der allerwichtigste Teil der Reformation, der am meisten Gutes wirkt und am meisten auf die Errettung der Menschen abzielt.[10]

Wenn der Klerus dahingehend reformiert werden sollte, den Schwerpunkt auf die Errettung von Seelen zu legen, dann mussten die Pastoren nach Baxters Meinung reichlich Zeit für ihre Pflicht aufwenden, »die Herde persönlich im Glauben zu unterweisen und zu belehren«. Er maß der persönlichen Arbeit an den Menschen unersetzlichen Wert zu, denn das biete »die beste Gelegenheit, die Wahrheit ihren Herzen aufzuprägen, wenn wir jeden Einzelnen darauf ansprechen können, was er bedarf, und dem Sünder sagen können: ›Du bist der Mann!‹«[11] Die öffentliche Predigt war für Baxter nicht genug. Er ging sogar so weit zu sagen: »Zweifellos ist die papistische [d. h. katholische] Ohrenbeichte eine sündhafte Neuerung …; aber dass wir die persönliche Unterweisung weithin vernachlässigen, ist noch viel schlimmer!«[12] Nur durch persönliche Anleitung im Glauben konnte Baxter diejenigen erreichen, die

> … seit acht oder zehn Jahren meine Hörer sind, die nicht wissen, ob Christus Gott oder nur ein Mensch ist, und staunen, wenn ich ihnen die Geschichte seiner Geburt, seines Lebens und seines Todes erzähle, als ob sie sie nie zuvor gehört hätten … Ich habe festgestellt, dass manche Unwissenden, die schon so lange unnütze Zuhörer waren, in einem halbstündigen persönlichen Gespräch zu mehr Erkenntnis und Reue fanden als in zehn Jahren des Hörens öffentlicher Predigten. Ich weiß, dass die öffentliche Predigt des Evangeliums das vorzüglichste Mittel ist, weil wir dabei zu vielen auf einmal

---

10 Ebd., S. 211.
11 Ebd., S. 175. »Du bist der Mann« ist eine Anspielung auf Nathans überführende Konfrontation Davids in 2. Samuel 12,7.
12 Ebd., S. 179-180.

sprechen können; aber es ist gewöhnlich viel wirksamer, das Evangelium unter vier Augen einem bestimmten Sünder zu verkündigen.[13]

An anderer Stelle schreibt Baxter:

> Doch nur der geringste Teil der Arbeit des Pastors geschieht auf der Kanzel ... Täglich von einem Haus zum anderen zu gehen und zu sehen, wie ihr wandelt, zu prüfen, wieweit ihr daraus Nutzen zieht, euch in euren familiären Pflichten anzuleiten und euch auf den Tod vorzubereiten: das ist das gewaltige Werk.[14]

Baxter bemühte sich eifrig, andere davon zu überzeugen, dass eine solche Erneuerung für den geistlichen Dienst nötig war. Er gründete die »Worcester-Vereinigung«, um sein Anliegen zu fördern. Ihre Mitglieder verpflichteten sich, jede ihnen anvertraute Seele persönlich zu kennen. Das ist selbst heute noch eine Herausforderung, aber zur Zeit Baxters war das revolutionär.

Doch leider wurde Baxters Vorbild »weithin begrüßt, weit weniger befolgt und zuletzt meist einfach aufgegeben«.[15] Sicherlich wandeln auch heute viele Pastoren nicht in Baxters Fußstapfen, obwohl sie vielleicht irgendwann während ihres Studiums *The Reformed Pastor* gelesen und zustimmend genickt haben. Die *Idee* eines persönlichen Dienstes neben dem Predigtdienst ist bewundernswert und man kann ihm kaum widersprechen. Dieses Modell ist auch durch und durch biblisch. Paulus sagte zu den Ältesten von Ephesus: »Ihr wisst, wie ich nichts verschwiegen habe von dem, was nützlich ist, sondern es euch verkündigt und

---

13 Ebd., S. 196.
14 Baxter, *The Saints' Everlasting Rest*, zit. in J. William Black, *Reformation Pastors: Richard Baxter and the Ideal of the Reformed Pastor* (Milton Keynes: Paternoster, 2004), S. 177.
15 Black, *Reformation Pastors*, S. 105.

Kapitel 8

euch gelehrt habe, öffentlich und in den Häusern« (Apg 20,20). Der Dienst am Wort muss öffentlich sein, aber er muss auch auf persönlicher Ebene »in den Häusern« stattfinden. Wie Baxter schreibt, können wir nur auf diese Weise der ernsten Ermahnung von Paulus gerecht werden, die er an dieselben Ältesten richtete: »So habt nun acht auf euch selbst und auf die ganze Herde, in welcher der Heilige Geist euch zu Aufsehern gesetzt hat, um die Gemeinde Gottes zu hüten, die er durch sein eigenes Blut erworben hat!« (Apg 20,28).

Heute befinden wir uns zweifellos in einer Situation, die sich von der Zeit Baxters sehr unterscheidet – hinsichtlich Kultur, Politik und Sozial- und Bildungswesen. Inwiefern können seine Erkenntnisse unser Verständnis vom geistlichen Dienst befruchten? Dazu lassen sich vier Herausforderungen mit Schlüsselbedeutung aufzeigen:

- Evangelisation ist die Grundlage des Pastoraldienstes. Beim geistlichen Dienst geht es nicht lediglich darum, sich mit akuten Krisen oder Problemen zu befassen, die Besucherzahlen zu steigern oder um die Reform von Strukturen. Es geht grundsätzlich darum, Menschen auf den Tod vorzubereiten.
- Pastoren dürfen nicht an traditionelle Strukturen gebunden sein, sondern müssen alle ihnen verfügbaren »Mittel« (so Baxter) nutzen, um Menschen zur Umkehr und zum Heil zu rufen. Für Baxter hieß das, nicht allein auf die Kanzel beschränkt zu sein, sondern die Menschen auch zu Hause zu besuchen, um sie zu schulen und zu ermahnen.
- Wir dürfen uns nicht allein darauf konzentrieren, was wir lehren, sondern müssen auch darauf achten, was davon bei den Leuten ankommt – was sie lernen und wie sie es anwenden.
- In vielerlei Hinsicht bietet unsere von weitverbreiteter Bildung geprägte Zeit noch viel mehr Möglichkeiten, Baxters Vision persönlicher Glaubensunterweisung zu verwirklichen. In vielen Teilen der Welt gibt es heute viele hochqualifizierte »Laien«, die nicht nur gut im Lernen, sondern auch im Leh-

ren sind. Das persönliche Jüngerschaftstraining von Haus zu Haus kann nicht nur vom Pastor geleistet werden, sondern auch von den Jüngermachern, die der Pastor trainiert.

Einer der ersten Schritte, um diese Herausforderungen anzugehen, besteht in einer aufrichtigen Überprüfung aller Programme, Aktivitäten und Strukturen Ihrer Gemeinde: Messen Sie diese Dinge daran, ob und wie weit sie zum Wachstum des Evangeliums beitragen. Wie viel davon ist immer noch ein sinnvolles Mittel zur Evangelisation, Nacharbeit, zum Wachstum im Glauben oder für das Training? Entsteht dadurch Multiplikation? Haben manche Strukturen oder regelmäßige Aktivitäten schon längst ihr Haltbarkeitsdatum überschritten? Den Dienst auf persönlicherer Ebene einzuführen bedeutet fast immer, irgendetwas anderes abschaffen zu müssen.

Doch selbst wenn wir noch etwas Platz in unserem Terminkalender finden können, fühlen wir uns trotzdem noch überfordert, wenn wir an die Unmenge von »Arbeit an Menschen« denken, die vor uns steht. Deshalb brauchen wir Mitarbeiter.

9

Das Wachstum des Wortes multiplizieren – durch Mitarbeitertraining

Wenden wir uns wieder unserem motivierten, aber überlasteten Pastor zu. Er möchte, dass seine Gemeinde ein Trainingszentrum wird, und er möchte seine Gemeindeglieder als »Weinstockarbeiter« zurüsten. Zugleich aber geht er vor lauter Arbeit unter: Predigten, Komitees, Krisenseelsorge und all das Übrige. Er muss sich um 130 Leute kümmern – regelmäßige Gottesdienstbesucher, verschiedene Kontakte und Außenseiter – und zieht tapfer unsere Übung durch, sie alle aufzulisten und einzuschätzen, wo sie sich im Prozess des »Wachstums des Wortes« befinden.

Das Problem ist nur: Er hat kaum Zeit, sich mit zehn von ihnen zu befassen, geschweige denn mit 130. Wie soll er dann anfangen, einer solchen Menge persönlich zu dienen? Wie soll er sie als Weinstockarbeiter trainieren? Dazu wollen wir die Fragestellung vereinfachen, indem wir auf unsere sieben virtuellen Freunde aus der Tabelle »Wachstumsphasen des Wortes« von Kapitel 7 zurückkommen (auf der nächsten Seite steht diese Tabelle noch einmal).

Nehmen wir einmal an, unser Pastor hat gerade noch so viel Zeit zur Verfügung, dass er sich mit zwei dieser Kandidaten persönlich treffen könnte. Wer soll das sein?

Wir würden vielleicht vorschlagen: Jean (weil sie wirklich Hilfe braucht) und Bob (weil er wirklich das Evangelium hören muss). Wir könnten aber auch sagen: Mark (weil er womöglich kurz davor steht, Christ zu werden) und Tracey (weil sie Christ

Kapitel 9

	Evangelisation		Nach-arbeit	Wachstum		Training	
	Offen für Glaubensthemen	Evangelium vertiefen		braucht Hilfe	ist fest gegründet	allgemein	spezifisch
Bob	X						
Jean				X			
Barry					X		
Tracey			X				
Don						X	
Mark		X					
Sarah							X

geworden ist und jetzt dringend Nacharbeit braucht). Dadurch bleiben unsere reiferen Christen (Barry, Don und Sarah) ohne persönliche Hilfe vom Pastor; aber weil sie ja im Glauben ziemlich fest gegründet sind, nehmen wir an, dass sie damit schon klarkommen werden.

Im Terminkalender ist aber nur Platz für zwei. Wer wird es sein? Letzten Endes würden die meisten Pastoren wahrscheinlich Tracey und Jean wählen. Sie sind Gemeindeglieder und Christen, weshalb der Pastor wohl meint, ihnen das schuldig zu sein. Die Nichtchristen Bob und Mark muss er auf irgendwann später verschieben.

In gewisser Hinsicht bleibt uns bei solchen Entscheidungen nichts anderes übrig, als uns einfach auf die Souveränität Gottes zu verlassen. Das ist im Gemeindedienst als Pastor nun einmal so. Es sind einfach mehr Leute da, als wir uns je zuwenden könnten. Gott sei Dank hängt aber nicht alles von uns ab!

Betrachten wir es aber so, dass der Pastor seine Zeit und Kraft am weisesten ausnutzen und die Chancen dafür maximieren sollte, dass das Evangelium wächst, dann sind diejenigen, in die unser Pastor tatsächlich seine Zeit investieren sollte, Don und Sarah, dicht gefolgt von Barry.

Erinnern wir uns: Don übt bereits ein wenig, wie man das Evangelium weitersagt. Wenn unser Pastor etwas Zeit investiert, Don dabei zu helfen und zu begleiten, dann kann er ihn ermutigen, für Bob und Mark (die zwei Nichtchristen) zu beten und sich mit ihnen zu treffen, etwa um mit ihnen einen evangelistischen Bibelkurs durchzunehmen.

Sarah hat die Motivation und die Begabung; sie braucht jetzt aber persönliche Ermutigung, Anleitung und Begleitung. Dann hätte sie mehr als genug, um auf Jean zuzugehen, um sie zu ermutigen, wie auch um etwas grundlegende Nacharbeit mit Tracey zu machen.

Somit dient unser vielbeschäftigter Pastor, wenn er seine Zeit in Don und Sarah investiert, mit diesen beiden zugleich vier weiteren Personen.

Damit bleibt nur noch Barry übrig, und er ist der nächste auf der Liste, der etwas Training bekommen soll.

Zugegeben: Das widerspricht allem, was wir intuitiv tun würden. Es geht uns gegen den Strich. Wir würden instinktiv erst einmal direkt auf die zugehen, die am meisten Hilfe brauchen – und natürlich wird es für uns als Pastoren immer Zeiten geben, in denen wir die 99 Schafe allein lassen müssen, um dem einen nachzugehen. Es wird immer seelsorgerliche Notfälle und Probleme geben, die wir einfach sofort anpacken müssen.

Wenn wir aber unsere gesamte Zeit dafür opfern, uns um die zu kümmern, die Hilfe brauchen, dann werden die stabilen Christen stagnieren und niemals trainiert, anderen zu dienen; den Nichtchristen wird weiterhin nicht das Evangelium verkündigt und in der Gemeinde gilt bald die Faustregel: Wenn du die Zeit und Aufmerksamkeit des Pastors haben willst, dann verschaff dir ein Problem. Beim geistlichen Dienst wird sich alles nur noch um Probleme und Seelsorge drehen statt um das Evangelium und um geistliches Wachstum.

Und irgendwann beginnt der Weinstock zu welken.

Kapitel 9

Paulus und seine »Bruderbande«

Natürlich sind wir keineswegs die ersten, die behaupten, dass der geistliche Dienst ein Mannschaftsspiel ist. Der Apostel Paulus selbst verfügte über ein großes Netz an Kollegen und Mitarbeitern, die Seite an Seite mit ihm in seinem Dienst wirkten. Im Zusammenhang mit Paulus erwähnt das Neue Testament bis zu 100 Personen, von denen man etwa 36 als enge Partner und Mitarbeiter betrachten kann. Paulus benutzt dafür zwei besondere Begriffe: Mitarbeiter (*syn-ergoi*) und Diener (*diakonoi*).

Ohne Paulus sklavisch nachahmen zu wollen, sollten wir uns fragen: Was können wir aus seinem Vorbild lernen? Untersuchen wir dazu die beiden Begriffe.

Mitarbeiter

Es ist typisch für Paulus, sich »Arbeiter« oder »Knecht Christi« zu nennen – er ist ein Arbeiter, der sich eifrig in dem Werk abmüht, zu dem der Herr ihn beauftragt hat (vgl. z.B. 1Kor 3,8-9; 16,10; Phil 1,22; Kol 1,29). Das Ergebnis seines Dienstes, wie etwa die Gemeinde zu Korinth, bezeichnet er als sein »Werk (*ergon*) im Herrn« (1Kor 9,1).

Es ist daher nur ganz natürlich, dass Paulus diejenigen, die an seiner Seite arbeiten, als seine *syn-ergoi* bezeichnet, seine Mit-Arbeiter. In Römer 16 nennt er Priska und Aquila »meine Mitarbeiter in Christus Jesus« (V.3); Urbanus ist ein »Mitarbeiter in Christus« (V.9), und Timotheus schlicht »mein Mitarbeiter« (V.21). An anderer Stelle wird Timotheus auch »unser Bruder und Gottes Mitarbeiter am Evangelium Christi« genannt (1Thes 3,2). Epaphroditus ist ein »Bruder und Mitarbeiter und Mitstreiter« (Phil 2,25). Außerdem will Paulus, dass Evodia und Syntyche ihren Konflikt schlichten, weil diese Frauen »mit mir gekämpft haben für das Evangelium, samt Clemens und meinen übrigen Mitarbeitern, deren Namen im Buch des Lebens sind« (Phil 4,2-3).

Das Wachstum des Wortes multiplizieren

Der Dienst des Paulus war Teamwork und geprägt von Brüderlichkeit und Einheit, die auf dem gemeinsamen Status beruht: alle waren Mitarbeiter – und zwar nicht nur Mitarbeiter untereinander, sondern auch Mitarbeiter Gottes:

> Was ist denn Apollos? Und was ist Paulus? Diener, durch die ihr gläubig geworden seid, und zwar wie der Herr einem jeden gegeben hat. Ich habe gepflanzt, Apollos hat begossen, Gott aber hat das Wachstum gegeben. So ist weder der da pflanzt etwas, noch der da begießt, sondern Gott, der das Wachstum gibt. Der aber pflanzt und der begießt, sind eins; jeder aber wird seinen eigenen Lohn empfangen nach seiner eigenen Arbeit. Denn Gottes Mitarbeiter sind wir; Gottes Ackerfeld, Gottes Bau seid ihr. (1Kor 3,5-9)

Ihre gemeinsame Stellung als Mitarbeiter Gottes ist Würde und Demütigung zugleich. Sie arbeiten mit Gott an seinem großen Werk in der Welt zusammen; und doch sind sie nichts, weil Gott es ist, der das Wachstum gibt.

Diener

Paulus benutzt auch den Begriff »Diener«,[1] um seine Mitarbeiter zu bezeichnen, die mit ihm zusammenarbeiten wie auch stellvertretend für ihn. Paulus und Apollos sind beide Mitarbeiter; sie sind auch beide »Knechte« (oder »Diener«; griechisch *diakonoi*), denen der Herr den jeweiligen Dienst zugeteilt hat (1Kor 3,5). Später in 1. Korinther wird das Haus des Stephanas mit ähnlichen Worten beschrieben:

---

[1] Im engl. Original *ministers*, was auch »Pastor« oder »Pfarrer« heißt. Dadurch wird deutlich, dass das tatsächlich ein biblischer Begriff ist. Auch das für die Gemeindearbeit verwendete Wort *ministry* (Werk, Missionswerk, Dienst) hat damit zu tun (Anm. des dt. Herausgebers).

Kapitel 9

> Ich ermahne euch aber, ihr Brüder: Ihr wisst, dass das Haus des Stephanas der Erstling von Achaja ist, und dass sie sich dem Dienst an den Heiligen gewidmet haben; ordnet auch ihr euch solchen unter und jedem, der mitwirkt und arbeitet. Ich freue mich aber über die Ankunft des Stephanas und Fortunatus und Achaikus; denn diese haben mir ersetzt, dass ich euch entbehren muss; denn sie haben meinen und euren Geist erquickt. Darum erkennt solche an! (1Kor 16,15-18)

Das ist ein schönes Bild wechselseitiger Zusammenarbeit und Ermutigung. Diese ersten Bekehrten schlossen sich Paulus nicht nur in der Arbeit für das Evangelium an, sondern reisten auch zu ihm, um ihn von den Korinthern zu berichten und dadurch seinen Geist zu erquicken.

Im Kolosserbrief nennt Paulus Epaphras seinen »geliebten Mitknecht« (*syn-doulos*), der »ein treuer Diener (*diakonos*) Christi ist«. Er ist es, der den Kolossern erstmals die Botschaft des Evangeliums verkündigt hat und jetzt im Gebet um sie ringt (Kol 1,7; 4,12). Das ist dasselbe Evangelium, »dessen Diener ich, Paulus, geworden bin« (Kol 1,23).

Wir könnten damit noch weiter fortfahren. Da ist etwa Tychikus, der treue *diakonos* im Herrn (Eph 6,21; Kol 4,7), und Archippus, der ermahnt wird: »Habe acht auf den Dienst, den du im Herrn empfangen hast, damit du ihn erfüllst!« (Kol 4,17), ganz zu schweigen von Timotheus, der den Dienst des Evangeliums empfangen hat (1Tim 1,18) und ermahnt wird, »ein guter Diener Jesu Christi« zu sein, der sich allezeit der Predigt und Lehre widmet (1Tim 4,6.13), selbst wenn das unpopulär ist (2Tim 4,1-5).

Wenn wir den Dienst der Paulus-Mitarbeiter betrachten, treten dabei zwei Themen hervor. Erstens: Sie sind zwar die »Diener des Paulus« – d.h. sie handeln im Auftrag von Paulus als Vermittler zwischen ihm und den Gemeinden –, doch sie sind auch Diener Christi. Sie tun das Werk, das der Herr (und nicht Paulus) verordnet hat. Zweitens: Der Dienst, den sie übernehmen, ist nicht bloß irgendeine Dienstleistung oder Hilfe, sondern ein Dienst, bei dem es darum geht, das Wort zu verbreiten und die Gemeinde zu bauen.

Schlussfolgerungen

Wir dürften kaum überrascht sein, dass Paulus um des Evangeliums willen ein Team aufbaute. Allein schon seine Ekklesiologie (sein Gemeindeverständnis) hätte ihn dazu angetrieben. Paulus maß den verschiedenen Gnadengaben, die der Heilige Geist zur Erbauung des Leibes Christi gab, hohen Wert bei, und dementsprechend arbeitete er mit zahlreichen verschiedenen Gläubigen zusammen, die vielfältige Aufgaben wahrnahmen: vom Prediger über den Sekretär und Boten bis hin zum Gebetskämpfer. Einige seiner Mitarbeiter standen ihm zwangsläufig näher und arbeiteten länger mit ihm zusammen als andere, aber er behandelte sie alle als Brüder und Mitarbeiter. Paulus hatte keine Jünger, denn nur einer ist der Meister. Auch Frauen gehörten zu Paulus' Team: Sie stellten ihre Häuser für Versammlungen der Gemeinde zur Verfügung, standen ihm ermutigend bei (wie Phöbe in Röm 16,1-2) und kämpften an seiner Seite für die Verbreitung des Evangeliums.

Allem Anschein nach müssten wir schon gute Gründe dafür liefern, *nicht* Paulus' Team-Methode zu übernehmen. Theologisch gesehen ist das ein Ausdruck des Wesens der Gemeinde: ein Leib mit vielen Gliedern. Praktisch und strategisch gesehen gibt uns dieses Team-Modell Rückhalt, Stärkung, lässt uns Lasten gemeinsam tragen und vervielfacht die Effektivität der Arbeit am Evangelium.

Natürlich erfüllte Paulus seine Mission zum Großteil als Wanderprediger und viele seiner Mitarbeiter waren in seinen Evangelisations- und Gemeindegründungsdienst involviert. Manche waren aber auch Leiter und Pastoren (Hirten) dieser Gemeinden. Auch hier scheint das Standardmuster eher das Team als der Einzelkämpfer zu sein – sei es ein Team von Ältesten bzw. Aufsehern

Kapitel 9

in einer einzelnen Gemeinde oder ein Rat von Ältesten, die mit einer Gruppe von Hausgemeinden verbunden sind.

Der Schluss ist praktisch unvermeidlich, dass sowohl die Mission als Wanderprediger wie auch die Arbeit in der Gemeinde vor Ort im Team getan wurden. Doch irgendwie ist diese Sicht heute vielen Gemeinden abhandengekommen – sogar denen, deren Geschichte und Tradition eigentlich ein Team von Ältesten betont.[2] Im Laufe der Zeit wurde das Ein-Mann-Modell zur Norm, bei dem ein einziger ordinierter Pastor alleine eine Gemeinde versorgt, obwohl sich das deutlich vom durchgängigen Muster des Gemeindedienstes im Neuen Testament unterscheidet.

Doch wir wollen uns jetzt nicht von uralten Debatten über Gemeindeverfassung und -leitung ablenken lassen, denn darum geht es hier nicht. Es gibt viele anglikanische Pfarrer, die starke Dienst-Teams rekrutieren, wie es auch viele presbyterianische Älteste gibt, die praktisch alleine im Lehrdienst stehen – und umgekehrt. Das wichtige Prinzip lautet: Ein Pastor soll und kann nicht versuchen, auf sich allein gestellt einer Gemeinde mit dem Wort zu dienen. Wir brauchen Mitarbeiter.

Mit anderen Worten: Wir brauchen Menschen wie Don, Sarah und Barry (aus unserem o.g. Beispiel) – wirklich bekehrte, reife Christen, die uns bei Evangelisation, Nacharbeit, Wachstum und Schulung anderer als Mitarbeiter zur Seite stehen. Mitarbeiter können in vielerlei Aktivitäten einbezogen werden, sowohl indem sie dabei selbst aktiv sind, als auch indem sie andere trainieren und ermutigen, diese Arbeit zu tun:

- persönliche Evangelisation und Training anderer Christen, das Evangelium weiterzusagen;

---

2 Im engl. Sprachraum z.B. das presbyterianische (d.h. von Ältesten – »Presbytern« – geleitete) Gemeindemodell, zu dem es mehrere bedeutende Denominationen gibt, oder auch das kongregationalistische (Leitung durch die Gemeindeversammlung) Modell (Anm. des dt. Herausgebers).

Das Wachstum des Wortes multiplizieren

- Leitung von Kleingruppen und Beaufsichtigung eines Netzes von Kleingruppen;
- Nacharbeit mit Neubekehrten und Training anderer Christen, die dazu angeleitet werden;
- Leitung von Jugendgruppen und Training der nächsten Generation von Jugendleitern;
- Persönliches Bibelstudium mit jemanden eins-zu-eins und Anleitung anderer zu diesem Dienst.

Mancher dieser Mitarbeiter wird am Ende vielleicht von der Gemeinde für diese Dienste fest angestellt – sei es in Vollzeit oder in Teilzeit –, und manche werden das ehrenamtlich tun. Manche werden vielleicht innerhalb der Strukturen Ihrer Gemeinde offiziell berufen (z. B. als »Älteste«), andere wiederum nicht. Manche werden vielleicht von Ihrer Kirchenleitung offiziell berufen (»ordiniert«); die überwiegende Mehrzahl wird das nicht.

Ungeachtet der Strukturen, Bezeichnungen oder Ämter ist das Prinzip einfach: Der bei weitem beste Weg, eine Gemeinde voller Jünger aufzubauen, die selber Jünger machen, liegt darin, eine Team von Mitarbeitern zu rekrutieren und zu trainieren, die uns bei der Arbeit zur Seite stehen. Wenn es nur an Ihnen liegt, 120 Menschen oder mehr das Evangelium zu verkünden, ihnen Nacharbeit zu geben, sie geistlich zu ernähren und zu unterrichten, dann ist das schlicht unmöglich – besonders, wenn man an all die Bürokratie, Termine, Komitees, Programme und Aktivitäten denkt, die der Gemeindealltag anscheinend von selbst hervorbringt.

Was aber wäre, wenn Sie damit anfangen, nur zehn mögliche Mitarbeiter zu versammeln, sich mit ihnen regelmäßig zu treffen und sie davon zu begeistern, welche Möglichkeiten ein gemeinsamer Dienst bietet? Sie würden vielleicht ein Jahr lang nichts weiter tun als Ihre Mitarbeiter jede Woche in Ihrem Wohnzimmer zu treffen, um für die Gemeinde zu beten, um darum zu ringen, was eine Bibelstelle bedeutet, um über theologische Fragen zu diskutieren, um einander Sünden zu bekennen und um sie

Kapitel 9

in verschiedenen Dienstbereichen zu trainieren. Am Ende dieses Jahres aber hätten Sie ein eng verbundenes, einträchtiges Team von Mitarbeitern am Evangelium, die bereit und fähig sind, Ihnen bei Ihrer Arbeit als Pastor zur Seite zu stehen.

Bruce Hall hat das jahrelang in der St.-Paul's-Gemeinde in Sydney praktiziert. Er beschreibt, wie er sich regelmäßig mit seinen ehrenamtlichen Mitarbeitern getroffen hat:

Nicht Gemeinden machen Jünger, sondern Jünger machen Jünger (Mt 28,19-20). Mein Grundsatz bei ehrenamtlichen Mitarbeitern lautet: Wenn wir geistlich nicht auf einen gemeinsamen Nenner kommen können, werden wir das auch nicht im Dienst können. Darum gehe ich so vor:

1. Ich wähle Männer aus, mit denen ich mich an einem Wochentag von 6.30 Uhr bis 7.30 Uhr treffe.
2. Früher tat ich das dienstags, mittwochs und donnerstags; heute nur noch dienstags.
3. Die erste Viertelstunde quatschen wir einfach und erzählen, wie es uns geht. Dann übernehme ich für eine halbe Stunde die Leitung, indem ich einfach einen Abschnitt aus der Bibel vorlese und dazu kurz erklärende und anspornende Kommentare und passende Anwendungen gebe. Dann haben wir eine Viertelstunde Gebetsgemeinschaft. Welche Bibelstelle wir lesen, ist eher zweitrangig.
4. Wir konzentrieren uns immer darauf, wo wir in unserer persönlichen Evangelisation gerade stehen; und manchmal beten wir auch nur zusammen (ohne die Bibel zu lesen).
5. Ich habe immer meine Ältesten in der Gruppe dabei und jede Gruppe besteht aus etwa acht bis zehn Mann.

Die Konsequenzen:
1. Die meisten unserer Führungskräfte (Älteste und Gemeinderatsmitglieder) haben an einer solchen Gruppe mit mir teilgenommen.

2. Die meisten anderen offiziellen Prediger aus unserem Gemeindeteam leiten ähnliche Gruppen. Folglich sind die meisten Hauskreisleiter und andere Leiter vorher in solchen »Frühstücksgruppen« gewesen.
3. Die Leute in der Gruppe erleben mich mit all meinen Stärken und Schwächen, hören mich beten, sehen mich die Bibel lesen und erfahren meine Leidenschaften und theologischen Standpunkte.
4. Wenn wir bei anderen Sitzungen administrative Dinge der Gemeinde besprechen, haben wir dabei selten Probleme auf Beziehungsebene (kurz: wir verstehen uns gut), weil wir uns morgens zum gemeinsamen Beten treffen.
5. Die Dienstbereiche, in denen die Teilnehmer aktiv sind, sind Pastoraldienste (zur Unterstützung des Hauptpastors), Hauskreisleitung, Aufseher- bzw. Ältestendienst, der Gemeinderat und alles andere.

Wie man Mitarbeiter auswählt

Einerseits liegen die Auswahlkriterien für Mitarbeiter auf der Hand. Sie müssen Menschen sein, denen Gott am Herzen liegt und die danach hungern, zu lernen und zu wachsen. Sie müssen echt bekehrte, reife Gläubige sein, die sich im Lauf ihres Lebens schon als Christen bewährt haben und die die Treue und das Potenzial besitzen, anderen geistlich zu dienen. Paulus erteilte Timotheus in 2. Timotheus 2,2 eine Anweisung zur Mitarbeiterauswahl: »Und was du von mir gehört hast vor vielen Zeugen, das befiehl treuen Menschen an, die tüchtig sind, auch andere zu lehren.«

Man kann bei der Mitarbeiterwahl allerdings auch leicht Fehler begehen. Nachfolgend einige grobe Schnitzer, die man nicht begehen darf:

- *Kompromisse in wichtigen Glaubensfragen und in der Ethik:* In Ihrer Gemeinde ist jemand, der schon einige Zeit Christ ist; er ist freundlich und aufrichtig, verfügt über offensichtliche Gaben und Potenzial, aber er denkt in einigen wichtigen theologischen Fragen anders. Vielleicht hat er ein charismatisches Verständnis vom Heiligen Geist oder eine eher liberale Sicht von der Autorität der Schrift. Wenn sie eine solche Person als Mitarbeiter auswählen, garantiert das fast sicher Spaltungen und eine Beschädigung des Dienstes. Auf einen Mitarbeiter muss völlig Verlass sein, dass er mit dem Wort der Wahrheit recht umgeht. Sie müssen ihm andere Menschen anvertrauen können, die er belehren soll.

- *Mehr Schein als Sein:* Man kann sich sehr leicht von einem Enthusiasten täuschen lassen, der eine kontaktfreudige Persönlichkeit hat, offenherzig ist und über das Charisma verfügt, Menschen zu führen. Aber es ist weit wichtiger, nach jemandem zu suchen, der Christus wirklich liebt und gehorcht, der ein gottesfürchtiges, diszipliniertes Leben führt, dessen Familienleben vorbildlich ist und der Gott von Herzen dient.
- *Übersehen der bisherigen Erfolgsbilanz:* Dient der Betreffende auch dann, wenn er keinen offiziellen Posten hat? Respektieren andere ihn als geistlich gesinnten Jünger Christi? Wenn er jetzt noch kein von Herzen demütiger Diener ist, wie soll er dann bereit sein, andere zu führen?
- *Auswahl von »sozial inkompetenten« Leuten:* Verhält sich der Kandidat in Gesellschaft peinlich, dominant oder kratzbürstig? Drängt er andere an den Rand? Hat er Sinn für Humor? Christlicher Dienst ist zwangsläufig seine Sache der Beziehungen, und manche Menschen sind in dieser Hinsicht einfach nicht begabt.
- *Rekrutieren aus reiner Verzweiflung:* Die Last des Dienstes wiegt manchmal so schwer, dass Sie versucht sein werden, *jeden x-beliebigen* Kandidaten als Mitarbeiter einzustellen – einfach nur, um die Last zu lindern. Das ist ein schwerer Fehler. Es ist weit besser, Ihr Team klein, eng verbunden, einträchtig und effektiv zu halten, als Menschen an Bord zu holen, die nicht bereit oder ungeeignet sind.

- *Auswahl Unbelehrbarer:* Manche Menschen sind Prinzipienreiter und Rechthaber und schlicht unwillig, nachzudenken oder zu wachsen. Die können Sie nicht gebrauchen, sondern stattdessen Menschen, die nach der Wahrheit hungern, die vor Gottes Wort erzittern und die ihr Leben nach der Bibel ausrichten wollen.
- *Auswahl von Ja-Sagern:* Es ist immer eine Versuchung, unsere »Fans« und Anhänger zu rekrutieren – diejenigen, die uns immer ein gutes Gefühl geben, indem sie anscheinend auf unserer Seite stehen. Aber es kann sein, dass sie nicht die richtigen sind.
- *Aufruf für Freiwillige:* Mitarbeiter zu rekrutieren ist etwas anderes, als ein paar Leute zu bitten, nach der Veranstaltung zurückzubleiben und die Stühle zu stapeln. Angehende Mitarbeiter müssen persönlich eingeladen werden, nachdem man das unter Gebet sorgfältig überlegt hat.

Tipps für das Mitarbeitertraining

Nachdem wir nun einige geeignete Leute ausgesucht haben und uns mit ihnen zusammensetzen – sei es einzeln oder in einer Gruppe –, stellt sich die Frage: Wie stellen wir ihnen ihre Aufgabe vor? Was fordern wir sie auf zu tun?

Die erste Grundlage ist, dass wir sie auffordern, ihr Leben aufzugeben, um Christus zu dienen. Mit anderen Worten: Wir fordern sie schlicht und einfach auf, Jünger zu sein. Das dürfen wir nicht unter Wert verkaufen! Wir bitten die Leute nicht, ihren Beitrag für einen kleinen Club zu leisten, dem sie zufällig angehören – als ob wir versuchten, jemanden zu finden, der für ein Jahr den Papierkram für den örtlichen Sportverein erledigt. Wir fordern Menschen auf, sich uns beim wichtigsten Werk der Welt anzuschließen: dem Werk, das Gott tut, um Menschen in sein Reich zu sammeln, indem das Evangelium seines Sohnes unter Gebet verkündigt wird. Wir rekrutieren also Menschen, damit

Kapitel 9

sie Teil einer Sache werden, die es wert ist, das Leben dafür zu geben; und diese Sicht müssen wir unseren potenziellen Mitarbeitern in all ihrer Herrlichkeit und Größe vor Augen malen.

Und doch ist es ebenso wichtig, dass wir genau beschreiben, welche speziellen Ziele und Zielvorgaben es für die nächsten zwölf Monate gibt. Vielleicht haben wir eine Vision so groß wie Himmel und Erde; doch die Schritte, die wir auf dem vor uns liegenden Weg gehen, müssen klar erkennbar und erreichbar sein.

Das heißt: Wir müssen den Mitarbeitern eine klare Vorstellung davon vermitteln, wie viel Zeit sie brauchen, welche Vorbereitung nötig ist, welches Training sie bekommen und welche Dienste sie später übernehmen können.

Ein Beispiel: Vielleicht beschließen Sie, alle vierzehn Tage eine zweistündige Mitarbeiterbesprechung mit sechs Leuten aus Ihrer Gemeinde durchzuführen, denen Sie zutrauen, potenzielle Mitarbeiter zu sein. Diese zwei Stunden könnten Sie so aufteilen wie in der Tabelle auf der nächsten Seite.

Einer solchen Gruppe können Sie erklären, welche Erwartungen Sie für das kommende Jahr haben:

- regelmäßige Teilnahme an allen Teamtreffen während dieses Jahres;
- eine Stunde »Hausaufgaben« bzw. Vorbereitung für jedes Treffen;
- die Bereitschaft, in der zweiten Hälfte dieses Jahres mit mindestens einer Person ein persönliches Bibelstudium zu beginnen.

Sie können auch jedem Gruppenmitglied darlegen, welche Fortschritte Sie in Kenntnis, Charakter und Kompetenz bei ihm erhoffen. Zum Beispiel:

- Kenntnis: ein tieferes Verständnis vom Kreuzestod Christi, von der Dreieinigkeit und dem Zweck der Gemeinde;
- Charakter: eine gottgefällige Disziplin bei Gebet und Bibellesen angewöhnen (oder wiedererlangen)

Das Wachstum des Wortes multiplizieren

Was tun?	Wie lange?
Bibelstudium: wird von Ihnen oder einem der Teammitglieder geleitet; Sie können diese Zeit nutzen, um den Leuten beizubringen, wie man ein Bibelgespräch in einer Gruppe leitet. Dazu machen Sie es selber vor und geben auch anderen die Möglichkeit es zu versuchen.	30 Minuten
Gebet: Beten Sie passend zur Botschaft des Bibeltextes und für verschiedene Aspekte des Dienstes.	10 Minuten
Dienst an Menschen: Erläutern Sie, welche seelsorgerlichen Bedürfnisse in der Gemeinde und bei einzelnen Mitgliedern gegeben sind – bei den Menschen, denen das Team dient oder dienen könnte. Man muss die Grundsätze des Seelsorgegeheimnisses achten und wahren; aber in der Gruppe darüber zu sprechen, wie man echten Menschen dient und ihnen hilft, geistlich zu wachsen, ist ein bedeutender Aspekt des Mitarbeitertrainings.	20 Minuten
Gebet: Beten Sie für einzelne Mitglieder Ihrer Gemeinde namentlich.	15 Minuten
Bewertung von Gemeindeaktivitäten: Sprechen Sie über verschiedene Veranstaltungen oder Programme wie z. B. den letzten Sonntagsgottesdienst. War er gut? Warum oder warum nicht? Was könnte man wie verbessern? Das führt nicht nur dazu, dass manches verbessert wird, sondern zeigt auch dem Team, wie sie über den Dienst denken sollten.	15 Minuten
Trainingsinput: spezielles Training in Kenntnis, Charakter und Kompetenz. Das kann eine Lektion zu einem theologischen Thema sein (z. B. die theologische Bedeutung der Auferstehung), oder eine Diskussion über gottgefällige Charaktereigenschaften (z. B. wie wir Habgier besiegen können), oder das Einüben einer bestimmten Kompetenz für den Dienst (z. B. wie man eine Kleingruppe leitet oder mit jemandem ein persönliches Bibelstudium durchführt).	30 Minuten

- Kompetenz: jedem Mitarbeiter beibringen, wie man ein persönliches Bibelstudium mit jemandem durchführt.

Das sind nur einige kurze Beispiele, die veranschaulichen sollen, was hoffentlich ein selbstverständlicher Grundsatz ist. Wenn wir Menschen als unsere Mitarbeiter in unserem geistlichen Dienst berufen, müssen wir sie davon begeistern, welch großartiges Werk wir tun (Jünger für Christus zu machen!), und wir müssen ihnen klare, realistische und erreichbare Ziele und Erwartungen für ihr Training setzen.

Kapitel 9

Mitarbeiter und Weinstockarbeiter: ein Überblick

Fassen wir unser Ziel zusammen:

1. Was tut Gott in dieser Welt? Durch die Verkündigung seines Evangeliums in der Kraft des Heiligen Geistes ruft er Menschen in sein Reich. Er lässt weltweit einen großen Weinstock wachsen – nämlich Christus und die Menschen, die mit ihm verbunden sind.
2. Jeder, der durch Gottes Gnade ein Jünger Christi geworden ist, ist nicht nur Teil des Weinstocks, sondern auch ein Arbeiter am Weinstock, ein Jüngermacher, ein Teilhaber am Evangelium. Obwohl manche Christen die besondere Gabe und Verantwortung haben, zu lehren und Aufseher zu sein, sind doch alle Christen daran beteiligt, das Wort der Wahrheit untereinander und unter Nichtchristen weiterzugeben.
3. Training ist der Prozess, geistlich reife Christen zu Weinstockarbeitern heranzubilden – d. h. zu Christen, die in ihrem Glauben reif genug sind, Gelegenheiten zum Dienst an anderen zu suchen, denen sie Gottes Wahrheit sagen und für die sie beten. Das ist unser Ziel bei unserer Arbeit an Menschen. Dazu gehören nicht nur Fähigkeiten und Kompetenzen zum Dienst, sondern auch ein Wachstum in Kenntnis und Charakter. Das ist ein grundlegender Aspekt des Gemeindelebens, und dazu kann auch nötig sein, dass wir unser Gemeindeverständnis überdenken und ändern (besonders wenn wir uns bisher darauf verlassen haben, dass allein Sonntagspredigten für ein geistliches Wachstum ausreichen).
4. Ein so verstandenes Training ist der Motor für das Wachstum des Wortes. Menschen werden von Unbekehrten und Außenstehenden zu Neubekehrten, denen man in Nacharbeit nachgeht, und dann wachsen sie zu reifen, gefestigten Christen, die wiederum trainiert und motiviert werden, andere durch den »Wachstumsprozess des Wortes« zu leiten.
5. Eine kleine Gruppe von Mitarbeitern zu rekrutieren und zu

Das Wachstum des Wortes multiplizieren

trainieren ist der erste Schritt, um alle Christen als Weinstockarbeiter zu rekrutieren und zu trainieren. Sie können nicht 130 Menschen persönlich dienen und trainieren; aber sie können mit zehn beginnen, und diese zehn können Ihnen bei der Arbeit zur Seite stehen – nicht allein im persönlichen Dienst am Nächsten, sondern auch, um andere zu *trainieren*, die wiederum anderen dienen. Mit anderen Worten: Die »Mitarbeiter« sind keine andere Kategorie; sie sind nur eine Gruppe begabter potenzieller »Weinstockarbeiter«, die Ihnen zur Seite stehen, um Dinge ins Rollen zu bringen. Es ist eine Multiplikation des geistlichen Dienstes durch persönliches Training, und das ist eines der größten Bedürfnisse der Gemeinde von heute.

Nehmen wir einmal an, Sie müssen einer großen Zahl von Menschen dienen, angefangen bei Kontakten zu Nichtchristen über Neubekehrte bis hin zu Christen, die Hilfe brauchen. Bei allen wünschen wir uns Fortschritte und geistliches Wachstum. Wir möchten, dass sie alle letztlich zu jüngermachenden Jüngern (also zu »Weinstockarbeitern«) werden. In vielen Gemeinden ist die Zahl der »Jüngermacher« sehr klein. Vielleicht sind es nur der Pastor und sein Assistent sowie ein paar sehr eifrige Laien. Das mag folgendermaßen aussehen:

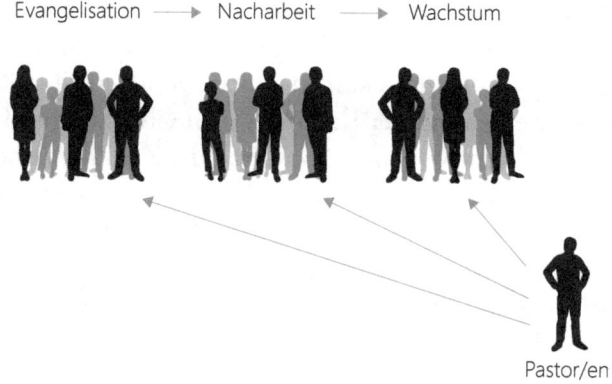

Kapitel 9

Der Weg zu Wachstum (und zwar nicht zu rein zahlenmäßigem, sondern echtem, geistlichem »Wachstum des Wortes«) besteht darin, dass man anfängt, Menschen zu Jüngermachern zu machen; dass man einige der reiferen Christen auswählt und sie von der Vision begeistert, Jünger zu machen. Das heißt also; dass man angehende »Mitarbeiter« (wie wir sie in diesem Kapitel genannt haben) auswählt. Dann sieht es bald aus wie in der folgenden Abbildung:

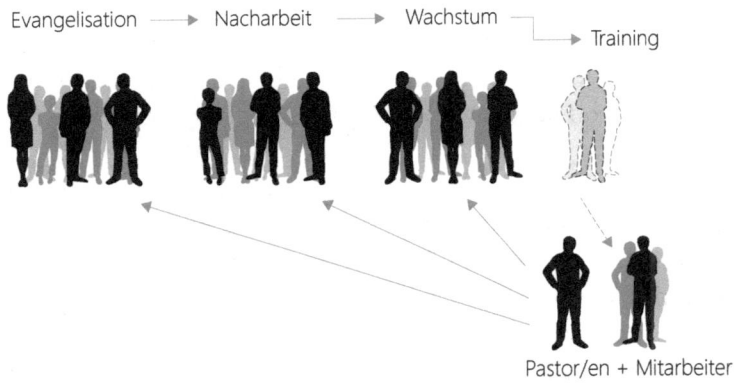

Jetzt tun Sie als Pastor nicht mehr die ganze Arbeit allein. Sie trainieren andere und bringen ihnen bei, an Ihrer Seite zu arbeiten. Dabei beginnen Sie mit nur einigen wenigen. Das Fernziel lautet jedoch, alle Jünger zu Jüngermachern zu machen und alle Gläubigen als Weinstockarbeiter heranzubilden, damit sie zu Menschen werden mit der Kenntnis, dem Charakter und der Kompetenz, anderen zu dienen. So wächst die Zahl der Arbeiter und die Zahl der Dienste in dem Maß, wie immer mehr Menschen beginnen, unter Gebet die Botschaft der Bibel weiterzusagen, was sie auf viele verschiedene Weisen tun: im Kleinen und Großen, offiziell und inoffiziell, daheim, am Arbeitsplatz, in der Gemeinde, in Kleingruppen und von Mensch zu Mensch.

Das sieht dann folgendermaßen aus:

Das Wachstum des Wortes multiplizieren

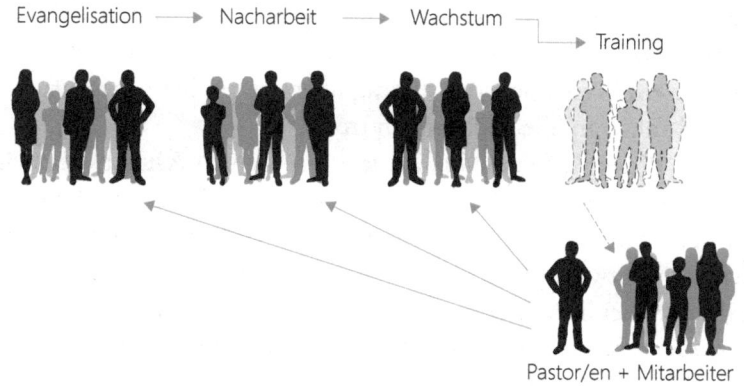

Mit anderen Worten: Einige erste Mitarbeiter auszuwählen ist nur der erste Schritt, um eine wachsende Gemeinschaft von Mitarbeitern in verschiedenen Bereichen zu schaffen. Manche dieser neuen Mitarbeiter werden sehr eng mit Ihnen zusammenarbeiten und selbst zu Trainern werden. Sie werden nicht nur die Arbeit tun, sondern andere Weinstockarbeiter anleiten und trainieren.

Wir wollen das jetzt nicht zu detailliert überspannen und überfrachten– als würden die Leute von jetzt an Dienstmarken und Uniformen tragen, die sie als »fest gegründete Gläubige«, »hauptberufliche Weinstockarbeiter«, »Mitarbeiter« oder »Pastoren« auszeichnen. Gemeindearbeit ist immer ein wenig chaotisch, weil es um echte Menschen geht. Manche, die Sie als Mitarbeiter auswählen, werden irgendwann die Segel streichen oder ihr Potenzial nicht erkennen. Andere, die Sie anfangs nicht als Mitarbeiter ausgewählt hatten, werden enorm durchstarten und schnell Teil des Mitarbeiterkerns werden. Im Laufe der Zeit wird die Grenze zwischen »Mitarbeiter« und »Weinstockarbeiter« stark verschwimmen, weil Sie einen immer größeren Anteil der fest gegründeten Gläubigen in ihrer Gemeinde anleiten, Weinstockarbeiter zu werden. Und je mehr Gläubige darin trainiert werden, anderen zu dienen, desto größer wird die Zahl und Vielfalt von Diensten ansteigen. Die Gemeindeglieder werden Projekte starten, Initiativen ergreifen, sich mit Leuten treffen und neue Ideen haben. So sieht Wachstum aus. Es führt zu einem gewissen Chaos, wie ein Weinstock, der ständig über das Spalier hinauswächst und Ranken in alle Richtungen treibt.

Bei dieser Art von Wachstum gibt es einen Aspekt, den wir noch nicht angesprochen haben. Oben in Abbildung 3 sehen wir immer mehr Menschen, denen gedient wird, weil immer mehr Menschen zu Weinstockarbeitern ausgebildet werden. Trotzdem gibt es dabei immer noch nur einen einzigen Pastor, der alles leitet und zusammenhält. Wenn durch Gottes Gnade alles weiterhin wächst, sind irgendwann mehr Pastoren, Hirten und Leiter nötig.

Woher soll man sie nehmen?

10

Aussichtsreiche Kandidaten

Woher kommen Pastoren und andere »hauptberufliche Arbeiter am Evangelium«?

Die traditionelle (und sehr gute) Antwort lautet: Sie werden von Gott berufen und erweckt. Jesus bittet seine Jünger: »Bittet den Herrn der Ernte, dass er Arbeiter in seine Ernte sende!« (Lk 10,2). Evangelisten, Pastoren und Lehrer sind Gaben des auferstandenen Christus an seine Gemeinde (Eph 4,10-12).

Doch die Feststellung, dass Gott für Pastoren sorgt, hilft uns nicht wirklich zu erkennen, welche Rolle Menschen dabei spielen. Man könnte zum Beispiel sagen, dass Menschen nur deshalb Christ werden, weil Gott an ihrem Herzen wirkt; aber das bedeutet nicht, dass Evangelisation Zeitvergeudung wäre. Im Gegenteil, genau durch dieses Mittel von Evangelisation unter Gebet führt Gott in seiner Gnade Menschen zur Bekehrung und bewirkt bei ihnen eine neue Geburt.

Gottes Handeln und menschliches Handeln schließen sich nicht aus wie bei der Entscheidung, wer heute Abend mit dem Geschirrspülen dran ist. Gott wirkt in unserer Welt, aber er ist kein Geschöpf. Er ist der Schöpfer, und typischerweise wirkt er an seinen Geschöpfen und durch sie, um sein Ziel zu erreichen. Paulus schreibt: »Ich habe gepflanzt, Apollos hat begossen, Gott aber hat das Wachstum gegeben« (1Kor 3,6).

Unsere Frage sollte daher besser lauten: Durch welche Mittel oder durch welches Handeln beruft und erweckt Gott die nächste Generation von Pastoren und Evangelisten?

Kapitel 10

Wir wollen in diesem Kapitel behaupten: Gottes Berufen und Erwecken geschieht durch Pastoren, die aktiv geeignete Personen aus ihrer Gemeinde rekrutieren und sie auffordern, ihr Leben dem Werk des Evangeliums zu widmen – also durch das, wozu Paulus Timotheus auffordert: »Und was du von mir gehört hast vor vielen Zeugen, das vertraue treuen Menschen an, die fähig sein werden, auch andere zu lehren« (2Tim 2,2). Broughton Knox kommentiert diesen Vers:

> Wir müssen bedenken, dass es die Pflicht der Gemeindehirten ist, für das geistliche Wohl ihrer Gemeinde zu sorgen; und einer der Hauptbereiche dieser Fürsorge ist das kontinuierliche Fortbestehen der Verkündigung von Gottes Wort in der Gemeinde. Darum erinnert Paulus Timotheus: Es gehört zu seinen geistlichen Pflichten, sich darum zu kümmern, dass der Dienst am Wort Gottes effektiv weitergeht. So, wie er die Wahrheit von Paulus und seinen Gefährten empfangen hatte, exakt so musste auch er sie treuen Männern anvertrauen, die fähig sind, wieder andere zu lehren (2Tim 2,2). Das sind vier Generationen apostolischer Nachfolge im apostolischen Wort.[1]

Heute überlässt man diese Aufgabe, die nächste Generation heranzubilden, »irgendjemanden da draußen«. Sie ist Sache der Kirche oder der Universität. Oder wir überlassen es vielleicht Gott, diesen Gedanken Menschen ins Herz zu geben, ohne dass irgendjemand von außen etwas dazu beiträgt.

Was auch immer der Grund dafür sein mag, scheuen sich die meisten Christen, andere aufzufordern, in den hauptberuflichen geistlichen Dienst zu treten. Bevor wir näher auf dieses Thema eingehen, müssen wir jedoch einige häufige Fragen oder Einwände behandeln, die die Vorstellung von der »Berufung in den geistlichen Dienst« betreffen.

---

[1] D. B. Knox, *Sent by Jesus: Some aspects of Christian ministry today* (Edinburgh: Banner of Truth, 1992), S. 14.

Vier häufige Fragen

Frage 1: Alle Gläubigen sind berufen zu dienen; warum also sollten manche von ihnen in den »geistlichen Dienst« berufen werden?

Ein besonderes Problem haben wir hier mit dem Wort »Berufung«. Gewöhnlich stellen wir uns unter »Berufung« eine Art von individueller mystischer Erfahrung vor, durch die Menschen überzeugt werden: Gott will, dass sie Missionar, Pastor oder eine andere Art von vollzeitlicher Mitarbeiter werden.

Wenn wir allerdings das Neue Testament aufschlagen, stellen wir fest, dass es den Begriff »Berufung« nicht in diesem Sinn benutzt. »Berufung« meint fast immer, wie Gott in seiner Gnade Menschen »ruft« oder auffordert, ihm nachzufolgen bzw. umzukehren – mit allen dazugehörigen Rechten und Pflichten. Hier einige typische Schriftstellen dazu:

> Wir wissen aber, dass denen, die Gott lieben, alle Dinge zum Besten dienen, denen, die nach seinem Ratschluss *berufen* sind. Denn die er ausersehen hat, die hat er auch vorherbestimmt, dass sie gleich sein sollten dem Bild seines Sohnes, damit dieser der Erstgeborene sei unter vielen Brüdern. Die er aber vorherbestimmt hat, die hat er auch *berufen;* die er aber *berufen* hat, die hat er auch gerecht gemacht; die er aber gerecht gemacht hat, die hat er auch verherrlicht. (Röm 8,28-30)

> Er hat uns ja errettet und *berufen* mit einem heiligen Ruf, nicht aufgrund unserer Werke, sondern aufgrund seines eigenen Vorsatzes und der Gnade, die uns in Christus Jesus vor ewigen Zeiten gegeben wurde… (2Tim 1,9)

> Und er gebe euch erleuchtete Augen des Herzens, damit ihr erkennt, zu welcher Hoffnung ihr von ihm *berufen* seid, wie reich die Herrlichkeit seines Erbes für die Heiligen ist… (Eph 1,18)

Kapitel 10

> ... und jage nach dem vorgesteckten Ziel, dem Siegespreis der himmlischen *Berufung* Gottes in Christus Jesus. (Phil 3,14)
>
> Gott ist treu, durch den ihr *berufen* seid zur Gemeinschaft mit seinem Sohn Jesus Christus, unserem Herrn. (1Kor 1,9)
>
> Ihr dagegen seid das auserwählte Geschlecht, die königliche Priesterschaft, die heilige Volksgemeinschaft, das zum Eigentum erkorene Volk, und sollt die Ruhmestaten dessen verkünden, der euch aus der Finsternis in sein wunderbares Licht *berufen* hat. (1Petr 2,9)
>
> Ich ermahne euch nun, ich, der Gefangene im Herrn: Wandelt würdig der *Berufung*, mit der ihr *berufen* worden seid... (Eph 4,1)
>
> Und der Friede Christi, zu dem ihr auch *berufen* seid in *einem* Leibe, regiere in euren Herzen ... (Kol 3,15)
>
> Deshalb beten wir auch allezeit für euch, dass unser Gott euch würdig erachte der *Berufung* und dass er alles Wohlgefallen an der Güte und das Werk des Glaubens in Kraft vollende... (2Thes 1,11)

Die Bibel spricht nicht davon, dass Menschen »berufen« werden, Arzt oder Anwalt oder Missionar oder Pastor zu werden. Gott beruft uns zu sich, damit wir Christen – Jünger Chrisi – sind. Unsere »Vokation« (vom lateinischen *vocatio*, »Berufung« zum geistlichen Dienst) lautet: Seid Jünger Christi und gehorcht allem, was er geboten hat – einschließlich dem Gebot, Menschen aus allen Völkern zu Jüngern zu machen. In diesem Sinn stehen alle Christen im »geistlichen Dienst« und alle sind Priester und Diener, die von Gott berufen und gesandt sind, ihr Leben seinem Dienst hinzugeben, vor ihm in Heiligkeit und Gerechtigkeit zu wandeln und wann und wie auch immer möglich die Wahrheit in Liebe zu reden.

Obwohl wir in diesem Buch den »Dienst der Vielen« betonen, ist es nicht in Ordnung, den »Dienst der Wenigen« dafür zu verdrängen. Vielmehr müssen wir die Bedingungen schaffen, unter denen auch er gedeiht. Wenn wir Jünger unterweisen, Jüngermacher zu sein, dann werden wir auch zwangsläufig einige von Gott begabte Menschen entdecken, die das Potenzial zu geistlichen Führungskräften haben. Ihnen kann man das Vorrecht, die Verantwortung und den Dienst übertragen, um das Evangelium zu predigen und Gottes Volk zu führen.

Die zwei Hauptkategorien dieser »Ausgesonderten« im Neuen Testament sind einerseits die Ältesten, Hirten bzw. Pastoren und Aufseher, die beauftragt sind, die Gemeinden zu lehren und zu leiten, sowie andererseits das apostolische Missionsteam von Paulus, die »Mitarbeiter« und »Geistlichen«, die hart für die Verbreitung des Evangeliums arbeiten. Diese Kategorien sind nicht bindend, als dürften Pastoren nicht ebenfalls evangelisieren (vgl. 2Tim 4,5, wo Paulus Timotheus auffordert: »Tu das Werk eines Evangelisten!«), oder als habe Paulus als Evangelist nicht auch hart dafür gearbeitet, die Christen zu erbauen, die sich durch seinen Dienst bekehrt hatten. Es gibt keine scharfe Trennlinie zwischen »evangelisieren« und »Hirtendienst ausüben«.

Das ist überhaupt ein Problem, wenn wir über dieses Thema nachdenken: Es scheint alles so unscharf! Und das gewohnte abendländische Muster, dass eine Gemeinde einen studierten hauptberuflichen Pastor hat, entspricht diesem unscharfen Bild nicht. Es fällt uns schwer, in den Begriffen der Bibel zu reden, und das nicht nur deshalb, weil der Sprachgebrauch im Laufe der Kirchengeschichte konfus und inkonsistent war – nein, auch die Bibel selbst bietet uns keine präzise abgegrenzten Begriffe. Betrachten wir einmal folgende Unterschiede:

- Alle Christen sollen einander belehren (Kol 3,16), aber nicht alle sind Lehrer (1Kor 12,29; Jak 3,1).
- Alle Christen sollen einander »dienen« (1Petr 4,10-11), doch manche sind als »Diener« (griechisch *diakonos*) ausgesondert (1Tim 3,8-13; vgl. Paulus, der seine Teammitglieder ebenfalls »Diener« nennt).

Kapitel 10

- Alle Christen sollen »allezeit überreich in dem Werk des Herrn« sein (1Kor 15,58), und doch betrachtet Paulus sich und Apollos als besondere »Mitarbeiter« (Mit-Arbeiter und Werk haben im Griechischen denselben Wortstamm), die unter den Korinthern arbeiten, damit diese im Glauben wachsen (1Kor 3,5-9).
- Alle Christen sollen Jünger machen und Christus bezeugen (Mt 28,19; 1Petr 3,15), und manche werden als »Evangelisten« bezeichnet (Eph 4,11).

Es gibt sowohl Kontinuität als auch Diskontinuität zwischen dem Neuen und dem Alten Testament – auch hinsichtlich der besonderen Ämter und Aufgaben im Volk Gottes. Wir sind alle am Dienst beteiligt und doch haben manche eine besondere Aufgabe. Wenn wir versuchen festzustellen, was im Neuen Testament das Besondere an dieser Aufgabe ist, dann ist das nicht ein Unterschied zwischen Vollzeit und Teilzeit oder zwischen hauptberuflich und ehrenamtlich. (Das verstehen Pastoren in den so genannten »Entwicklungsländern« sehr gut.) Es geht nicht darum, dass jemand zu einer besonderen Priesterordnung gehört und andere nicht. Es geht nicht einmal darum, dass manche besondere Gaben haben und andere nicht, denn alle haben Gaben, die zur Erbauung der Gemeinde Christi beitragen.

Der Schlüssel scheint darin zu liegen, dass manche ausgesondert bzw. anerkannt oder ausgewählt wurden – aufgrund ihrer Kenntnis, ihres Charakters und ihrer Kompetenz – und ihnen die Verantwortung *anvertraut* wurde, vor Gott bestimmte Dienste zu tun. Dieses Anvertrauen vollzieht sich durch Menschen – durch ihre Erwägungen und Entscheidungen, aber es bleibt eine erhabene göttliche Verantwortung, ein Verwalteramt des Evangeliums, das das Gott uns anvertraut hat (vgl. 1Kor 4,1-5). Es ist keine »Karriere«, zu der Menschen sich selbst frei entscheiden und die sie irgendwann auch aus ebenso freiem Entschluss wieder aufgeben können, um sich etwas anderem zu widmen, zum Beispiel wenn es hart auf hart kommt oder ungemütlich wird. Es ist beachtlich, mit welchem Ernst Paulus in 1. Timotheus 4 von seinem Schützling Timotheus fordert, an seinem Dienst festzuhalten.

Vielleicht trägt es zur Verständlichkeit und Klarheit bei, wenn wir diese Menschen »anerkannte Arbeiter am Evangelium« nennen – »anerkannt« nicht etwa deshalb, weil sie geistlicher wären, Gott näher stünden oder besondere Fähigkeiten hätten, sondern weil sie durch andere Älteste und Führungskräfte erkannt und erwählt wurden, um einen bestimmten Verwalterdienst zu erfüllen, wie etwa der Kapitän einer Fußballmannschaft oder der Vorstand einer Firma.

Das führt uns zu einer zweiten naheliegenden Frage:

Frage 2: Sollten wir nicht darauf warten, dass Menschen sich »berufen fühlen«, statt sie zu in den vollzeitlichen Dienst zu drängen?

Es ist mittlerweile geradezu Tradition geworden, dass das persönliche und subjektive Verständnis von »Berufung« zum entscheidenden Faktor dabei geworden ist, wenn Menschen den vollzeitlichen geistlichen Dienst anstreben. Vielleicht ist es die Sehnsucht nach einer dramatischen persönlichen Beauftragung, wie Mose sie am brennenden Dornbusch erlebte oder Jesaja im Tempel; vielleicht entspringt sie auch dem Wunsch, unsere Entscheidung für den geistlichen Dienst außerhalb von uns selbst an einem Ruf Gottes festzumachen. Was auch immer der Grund ist: Es ist mittlerweile allgemein üblich, erstmal abzuwarten, bis jemand uns sagt, er fühle sich »zum Dienst berufen« oder dass er meint, Gott habe ihn »in den Missionsdienst gerufen«, ehe wir zu prüfen beginnen, ob er dafür geeignet ist.

Die Bibel sagt das nicht. Wir können suchen, so lange wir wollen, aber wir werden in der Bibel kein Beispiel und keine Vorstellung einer innerlich wahrgenommen Berufung zum Dienst finden. Es gibt in der Bibel einige Gläubige, die direkt und auf dramatische Weise von Gott berufen wurden (wie Mose und

Kapitel 10

Jesaja), aber es hat nichts damit zu tun, ein inneres Gefühl zu identifizieren.

Praktisch überall im Neuen Testament geschieht das Erkennen oder »Aussondern« von Arbeitern am Evangelium durch Älteste, Führungspersonen und Pastoren. So wie Timotheus auf bestimmte Weise von den Ältesten beauftragt worden war (1Tim 4,14), so sollte er auch das Evangelium anderen treuen Leitern anvertrauen, die das Werk fortsetzen könnten (2Tim 2,2). Ebenso war Titus von Paulus die Verantwortung für seinen Dienst auf Kreta übertragen worden, und er wiederum sollte Älteste bzw. Aufseher in jeder Stadt einsetzen (Tit 1,5-9).

Vielleicht ist es richtig, in diesem Sinn davon zu sprechen, dass Gott Menschen zu bestimmten Diensten oder Aufgaben »beruft« – so lange wir anerkennen, dass dieser »Ruf« aktiv durch Menschen vermittelt wird, die bereits berufene Diener sind. Luther drückte es so aus:

> Es gibt daher zwei Arten göttlicher Berufung: die eine geschieht mittelbar, die andere unmittelbar. Gott beruft uns heute alle mittelbar zum Predigtamt, das heißt durch eine Berufung, die durch ein Mittel geschieht, nämlich durch Menschen. Die Apostel aber wurden unmittelbar von Christus selbst berufen, wie auch die Propheten im Alten Testament von Gott selbst. Nachher beriefen die Apostel ihre Jünger, wie Paulus den Timotheus, Titus usw., welche danach Bischöfe beriefen, wie in Titus 1,5 geschrieben steht; die Bischöfe beriefen ihre Nachfolger. Diese Berufung ist bis auf unsere Zeiten geblieben und wird bis ans Ende der Welt bleiben. Es ist eine mittelbare Berufung, weil sie durch Menschen geschieht, und doch eine göttliche Berufung.[2]

---

2 »Dr. Martin Luthers ausführliche Erklärung der Epistel an die Galater. Anno 1535. Neu aus dem Lateinischen übersetzt«, in *Dr. Martin Luthers sämtliche Schriften*, Hg. Joh. Georg Walch, Bd. 9, 2. Auflage St. Louis, Missouri: Concordia Publishing House, 1893, Sp. 34. An heutiges Deutsch angepasst.

Wir dürfen uns nicht hinsetzen und darauf warten, dass Menschen sich zum Werk des Evangeliums »berufen fühlen« – genauso wenig, wie wir uns nicht hinsetzen und darauf warten dürfen, dass Menschen Jünger Christi werden. Wir müssen die Initiative ergreifen und Menschen suchen, sie herausfordern und prüfen, ob sie geeignet sind, zum Werk des Evangeliums ausgesondert zu werden.

Frage 3: Kann man nicht auch ehrenamtlich am »Werk des Evangeliums« arbeiten?

Wir sind bisher davon ausgegangen, dass Gläubige als Arbeiter des Evangeliums ausgewählt oder beauftragt werden sollen, um zu predigen und das Volk Gottes zu führen. Traditionell würden wir sagen, dass solche Menschen in den Missionsdienst oder zu ordinierten Pastoren berufen werden, und in den meisten Kirchen der westlichen Welt hieße das, dass sie hauptberuflich angestellt und durch Spenden der Gläubigen bezahlt würden.

Allerdings kommt es nicht auf die Art der Bezahlung und die wöchentliche Arbeitszeit an. Im Neuen Testament kann man kaum Beispiele für einen »bezahlten Vollzeitdienst« finden, ausgenommen vielleicht Paulus, der in gewissen Phasen seiner Missionsarbeit selber seinen Lebensunterhalt erwarb – wie etwa in Korinth, wo er gemeinsam mit Priscilla und Aquila als Zeltmacher arbeitete. Als dann aber »Silas und Timotheus aus Mazedonien eingetroffen waren« – vermutlich mit einer Geldspende der dortigen Christen –, »widmete Paulus sich ganz der Lehrtätigkeit« (Apg 18,1-5). Sogar während seines dreijährigen Aufenthalts in Ephesus, als er täglich in der Schule des Tyrannus lehrte und nicht aufhörte, »jeden Einzelnen unter Tränen zu ermahnen«, sorgte Paulus eigenhändig für sein Einkommen (Apg 20,31-34; vgl. 19,9).

Nichtsdestotrotz unterstreicht die Bibel durchaus, »dass die, welche das Evangelium verkündigen, vom Evangelium leben sollen« (1Kor 9,14; Gal 6,6). Auch wenn wir zu Beginn unseres

Dienstes uns selbst finanzieren, ist es völlig in Ordnung, dass Gottes Volk seine Missionare und Lehrer zumindest teilweise unterstützt. Innerhalb dieses Rahmens ist die Finanzierung des Dienstes in verschiedenen Modellen möglich: Broterwerb und geistlicher Dienst jeweils in Teilzeit (wie Paulus als »Zeltmacher«); finanzielle Unterstützung durch Gläubige; bezahlter Vollzeitdienst, der durch eine Gemeinde, einen Gemeindeverband oder eine übergemeindliche Organisation finanziert wird etc. Vieles hängt von den jeweiligen Sitten und den finanziellen Möglichkeiten der Gesellschaft ab.

Letzten Endes ist es oft eine rein praktische Entscheidung. Wenn wir dank der finanziellen Unterstützung Dritter vollzeitlich dienen können, werden wir mehr Zeit und Kraft haben, uns dem Gebet und der Verkündigung des Wortes Gottes zu widmen. Es gibt eine gewisse romantische Vorstellung über das »Zelte machen«, aber sie wird gewöhnlich nicht von denen geteilt, die dieses Modell selbst praktizieren. Der Spagat zwischen der anspruchsvollen Arbeit als Gemeindepastor und der täglichen Plackerei weltlicher Arbeit ist frustrierend und mühsam. Wann immer möglich sollten wir die Einstellung hauptberuflicher Pastoren unterstützen, selbst wenn nur aus dem Grund, dass dadurch gewöhnlich das Evangelium mehr verkündigt wird.

Broughton Knox drückt das so aus:

> Wenn man bedenkt, worin das Wesen des christlichen Glaubens besteht, wird deutlich, dass es immer Bedarf für die hauptberufliche Verkündigung des Wortes Gottes geben wird. Das Christentum zeichnet sich durch den Glauben an Christus, den Herrn, aus. Der Glaube unterscheidet sich dadurch vom Aberglauben, dass er auf der Wahrheit gründet, und von Unbesonnenheit, dass er auf der Erkenntnis der Wahrheit gründet. All das ist von rechter Belehrung abhängig, denn die Erkenntnis der Wahrheit ist uns nicht angeboren. Darüber hinaus ist das Christentum ein Glaube, der sich durch eine persönliche Beziehung oder Gemeinschaft auszeichnet. Ge-

meinschaft kommt nur dadurch zustande, dass man das gesprochene Wort hört und darauf reagiert. Gott tritt zu uns in Beziehung, indem er durch sein Wort zu uns spricht, und wir treten zu ihm in Beziehung, indem wir auf sein Wort reagieren. Es liegt daher auf der Hand: Ein Dienst, der die Wahrheit über Gott vermittelt und erklärt sowie Gottes Wort dem Verstand vermittelt und über den Verstand dem Gewissen des Hörers aufprägt, ein wesentliches Merkmal des Christentums ist. Wenn dieser Dienst ausstirbt, stirbt das Christentum aus.

Man kann auch auf einem etwas anderen Weg zu demselben Schluss kommen. Jesus Christus ist Herr, aber er kann weder herrschen, noch kann ein Christ gehorchen, ehe er erkennt, was Christus gemeint hat und inwiefern das ihn betrifft. Dazu wiederum ist ein Dienst von Lehrern nötig, die verstehen, was Christus gemeint hat und wie das auf die heutigen Umstände zutrifft. Dazu muss die Lehre von Ermahnung und Warnung begleitet sein und so dem Hörer ins Gewissen reden. Der christliche Lehr- und Predigtdienst ist eine Lebensaufgabe, denn Lehren kann nicht ohne Vorbereitung geschehen, und für Vorbereitung braucht man Zeit. Dass der christliche Lehrer sich der Vorbereitung widmet, dem Studium des Wortes Gottes und seiner Bedeutung, war noch nie nötiger als in unserer Generation.[3]

Wenn Broughton Knox sagt: »Wenn dieser Dienst ausstirbt, stirbt das Christentum aus«, dann bedient er sich nicht der Übertreibung als rhetorischem Stilmittel. Er drückt damit schlicht eine Tatsache aus, auf die er schließt, weil er über das Wesen der Schrift nachgedacht und beobachtet hat, was in Gemeinden geschieht, denen dieser Dienst aus irgendeinem Grund verloren gegangen ist.

---

3 D. B. Knox, *D. Broughton Knox Selected Works*, Bd. 2: *Church and Ministry*, Hg. Kirsten Birkett (Sydney: Matthias Media, 2003), S. 213-214.

Kapitel 10

Frage 4: Degradiert das nicht die Gläubigen, die einen weltlichen Beruf ausüben?

Das ist eine gute Frage! Schafft die Berufung von Menschen in den »geistlichen Dienst« zwei Klassen von Christen – die erkorenen Begabten, die die noble Berufung in den vollzeitlichen Dienst anstreben, und das übrige gemeine Volk, das dazu bestimmt ist, in einem weltlichen Beruf zu arbeiten, um den Erkorenen Geld zu spenden? Wenn jemand nicht die Gabe oder die Gelegenheit hat, vollzeitlich im »Werk des Evangeliums« zu arbeiten, ist er dann zu einem Christ zweiter Klasse degradiert? Wenn wir dem vollzeitlichen Werk des Evangeliums eine besondere Stellung bemessen, sagen wir dann damit (vielleicht implizit), dass weltliche Alltagsarbeit weniger wert oder unwichtig wäre?

Diese Fragen ergeben sich immer dann, wenn wir Menschen auffordern, ihre weltliche Berufskarriere und Ambitionen aufzugeben, um sich dem Werk des Evangeliums zu widmen. Zum Teil liegt das daran, dass man das Wesen des Dienstes und der Aufgabe aller Christen, Jünger zu machen, missversteht; oft aber auch versteht man das Wesen der Arbeit in Gottes Schöpfung falsch. Es würde zwar den Rahmen dieses Kapitels sprengen, wenn wir eine biblische Arbeitsethik entwickeln würden, doch die nachfolgende stichpunktartige Zusammenfassung sollte schon weiterhelfen.

- Arbeit ist ein guter und grundlegender Teil des Menschseins in Gottes Schöpfungsordnung. Schon ganz am Anfang wurde der Mensch in den Garten Eden gesetzt, um ihn zu bebauen und zu bewahren.
- Seit dem Sündenfall steht Arbeit unter dem Fluch und ist frustrierend (und das erfahren wir oft!), aber sie bleibt an sich gut, wertvoll und nötig.
- Christen werden eindringlich zur Arbeit angehalten – nicht nur wegen ihrer Stellung in der Schöpfungsordnung, sondern auch, weil sie (wie jeder andere Lebensbereich) sichtbar zum

Ausdruck bringt, wie wir Christus dienen. Paulus sagt: »*Alles, was ihr tut* mit Worten oder mit Werken, das tut alles im Namen des Herrn Jesus und dankt Gott, dem Vater, durch ihn« (Kol 3,17).
- Auf tieferer Ebene betrachtet arbeiten wir in jedem Beruf für Christus. Paulus fährt nämlich in Kolosser 3 fort: »Alles, was ihr tut, tut von Herzen, als etwas, das ihr für den Herrn tut und nicht für Menschen. Seid euch bewusst, dass ihr dafür vom Herrn das ewige Leben als Lohn bekommt. Dient mit eurem Tun Christus, dem Herrn!« (Kol 3,23-24).
- Als Christen arbeiten wir nicht zu unserer eigenen Erfüllung, zu unserem Ruhm oder unserer Ehre. Wir arbeiten nicht für uns, sondern für andere, um ihnen zu dienen, ihnen nicht zur Last zu fallen und um anderen etwas geben zu können (Eph 4,28; 1Tim 5,8).
- Weltliche Arbeit ist somit sehr wertvoll, erstrebenswert und wichtig. Doch wie alles Gute kann auch sie zum Götzen werden. Wir können anfangen, unsere Arbeit als etwas anzusehen, das uns Bedeutung und Wert gibt.
- Wir müssen bedenken, dass allein das Werk Christi Menschen erlöst. So nützlich und hilfreich weltliche Arbeit in unserer Welt auch ist, so wird sie uns weder retten noch das Reich Christi herbeiführen. Das geschieht nur durch die vom Heiligen Geist bevollmächtigte Predigt des Evangeliums (siehe Kapitel 3).

Wenn Menschen aufgefordert werden, in den Dienst des Evangeliums zu treten, werden oft zwei Fehler begangen. Der eine ist, die Gläubigen in zwei Klassen zu unterteilen – die, die *wirklich* für den Herrn arbeiten und versuchen, sein Reich zu verkündigen (die »anerkannten Arbeiter am Evangelium«), und den Rest. Bei diesem Modell ist Jüngermachen wie ein Formel-1-Rennen. Es gibt nur einen wirklich guten Fahrer im Team, und der Rest der Mannschaft tut ihren Anteil im Hintergrund. Sie arbeiten vielleicht in der Box, helfen bei der finanziellen Organisation des

Kapitel 10

Teams oder finden Sponsoren für Werbeaufkleber auf den Autos. Der Fahrer jedoch ist der Superstar und steht im Zentrum, während der Rest der Crew im Hintergrund bleibt. Kein Wunder, dass sie sich vielleicht nur zweitrangig vorkommen.

Wie wir schon oben feststellten, sieht die Bibel das Werk des Evangeliums nicht auf diese Weise. Es gibt keine zwei Klassen von Jüngern; wir sind *alle* sowohl Jünger als auch Jüngermacher. Alle Christen sind berufen, sich selbst zu verleugnen, ihr Kreuz auf sich zu nehmen, Jesus bis in den Tod nachzufolgen und ihr Leben zu seiner Ehre und im Dienst für ihn zu opfern. Das kann man eher mit einem Fußballteam vergleichen, wo jeder der elf Spieler alles tut, was er kann, um den Ball voranzutreiben. Es gibt Führungsspieler und den Kapitän, aber grundsätzlich und vor allem ist jeder ein *Mitspieler*. Tatsächlich ist in vielen Teams nicht unbedingt der Kapitän der beste oder wertvollste oder effektivste Spieler.

Der zweite häufige Fehler besteht darin, auf den ersten Fehler zu überreagieren und jeglichen Unterschied zwischen dem Werk des Evangeliums und anderer Arbeit zu verwischen. Wenn man so denkt, wird weltliche Arbeit als Beitrag zum Reich Gottes »christianisiert«: Man meint, indem man ein besserer Arzt, Anwalt, Geschäftsmann oder Programmierer ist, würde man helfen, »die Kultur zu erlösen« und irgendwie dazu beitragen, dass Gottes Reich wächst. (Interessanterweise scheint das selten auf besonders gute Müllmänner oder Parkplatzwächter zuzutreffen.) Wer so denkt, meint, Menschen dürften nicht aus ihrer weltlichen Berufskarriere heraus berufen werden; vielmehr müsse man ihnen raten, zu Gottes Ehre dort zu bleiben, wo sie sind.

Aber auch das ist ein Fehler. Das Werk des Evangeliums ist in Gottes Heilsplan von einzigartiger Bedeutung. Wir machen keine Jünger Jesu, indem wir bessere Häuser bauen, sondern indem wir das Wort Gottes betend unter die Leute bringen. Und das ist die Pflicht, die Freude und das Vorrecht eines *jeden* Jüngers, in welcher Lebenslage er sich auch immer befindet. Weltliche Arbeit ist wertvoll und gut und darf nicht verachtet oder geringgeschätzt werden. Aber sie ist nicht Mittelpunkt oder Zweck unseres Lebens, geschweige denn das Mittel, durch das Gott die Welt retten will. Meine Identität als Christ ist in erster Linie nicht, dass ich Buchhalter oder Zimmermann bin, sondern dass ich ein jüngermachender Jünger des Herrn Jesus Christus bin. Es ist wirklich zweitrangig, ob ich als jüngermachender Jünger meinen Lebensunterhalt mit eigenhändiger Arbeit verdiene oder ob andere mich unterstützen, weil die Art des Jüngermachens, in der ich diene, das erfordert. Wichtig daran ist nur, dass wir alle zusammen Jüngermacher sind.

Talentsucher und Headhunter

Damit sagen wir im Grunde, dass wir Talentsucher sein müssen. Wenn die jetzige Generation von Pastoren und Mitarbeitern dafür verantwortlich ist, die nächste Generation zu berufen, auszuwählen und auszusondern, dann müssen wir ständig nach solchen Gläubigen Ausschau halten, die rechtschaffen sind und die Gabe besitzen, das Wort zu predigen und Gottes Volk zu weiden. Und in unseren Gemeinden gibt es durchaus unglaublich viel Talent zum Dienst: Menschen mit außerordentlichen Gaben für Leiterschaft, Kommunikation und Organisation; Menschen mit Vision, Energie, Intelligenz und Unternehmergeist; Menschen, die gut mit anderen klarkommen und Ideen erfassen und überzeugend darlegen können. Wenn diese Menschen zudem gottesfürchtige Diener Christi sind, die nach seinem Reich trachten, warum sollte man sie dann nicht wie ein Headhunter dafür »abwerben«, als »anerkannte Mitarbeiter am Evangelium« zu leben?

Vielleicht verspüren Sie an dieser Stelle eine gewisse theologische Zwiespältigkeit. Talente aktiv zu rekrutieren klingt weltlich und krass. Sollen wir nicht einfach zuversichtlich sein, dass Christus, der erhöhte König, selber zu seiner Zeit Menschen erwecken wird?

Kapitel 10

Es ist schon seltsam, dass wir manchmal auf die Souveränität Gottes und Christi als Ausflucht verweisen und manchmal nicht. Wir hören ja auch nicht einfach mit dem Evangelisieren oder Verkündigen des Wortes Gottes auf, nur weil wir zuversichtlich sind, dass der souveräne Gott sein Werk an Menschenherzen schon irgendwie tun wird. Wir hören ja nicht einfach auf zu beten, nur weil Gott seinen vollkommenen Ratschluss ausführt, den nichts und niemand vereiteln kann. Und wir sollten nicht aufhören, Menschen zu ermutigen, Christus zu dienen und sich am Gemeindeleben zu beteiligen, auch wenn wir wissen, dass letztlich Christus derjenige ist, der seine Gemeinde baut. Gottes Handeln und unser Handeln schließen einander nicht aus. Wir reden, dienen, arbeiten und beten – und wissen, dass Gott dennoch, ja dadurch das Wachstum schenkt.

Mit der Rekrutierung und Zurüstung der nächsten Generation verhält es sich exakt genauso. Wir wissen, dass der Herr der Ernte Arbeiter aussenden wird, aber das soll uns nicht davon abhalten, ihn darum zu bitten und selber aktiv gottesfürchtige, begabte Gläubige zu rekrutieren, wenn wir auf sie aufmerksam werden.

Nach was für Leuten müssen wir Ausschau halten? Die Pastoralbriefe lehren, dass wir bei der Auswahl von Ältesten, Aufsehern und Diakonen nach Menschen suchen sollen, die:

- ein bibeltreues Schriftverständnis haben und sich dem Wort Gottes verpflichtet wissen;
- einen tadellosen Ruf haben und ein Vorbild in der Gottesfurcht sind;
- die Gabe haben, andere lehren zu können;
- ihre Führungsqualität in der Familie bewiesen haben.

Dieser Liste von Haupteigenschaften kann man noch weitere Merkmale hinzufügen, die zeigen, dass jemand die Begabung und Befähigung hat, Arbeiter am Evangelium zu sein. Solche Menschen sind u.a.

Aussichtsreiche Kandidaten

- Kommunikatoren, die liebend gern mit anderen reden und sie überzeugen (z. B. Verkäufer, Lehrer, Immobilienmakler oder Rechtsanwälte);
- Unternehmer, die den Tatendrang und Sachverstand haben, Gelegenheiten zu erkennen und etwas Neues anzustoßen;
- Führungsnaturen, die andere allein durch die Integrität und Ausstrahlung ihres Charakters mitreißen und begeistern;
- Akademiker, die ihren Intellekt für Theologie, Lehre, Leitung und Planung einsetzen;
- Menschen, die aufgrund ihrer Volkszugehörigkeit, Sprachbegabung, beruflichen Tätigkeit oder Herkunft das Potenzial haben, bestimmte Gruppen in unserer Gesellschaft oder im Ausland zu erreichen.

Bei der Arbeit mit unseren Gemeindemitgliedern müssen wir nach Leuten mit diesen Eigenschaften (oder mit dem Potenzial, diese Eigenschaften zu entwickeln) Ausschau halten. Sie sind die aussichtsreichen Kandidaten, die wir suchen, die potenziellen Arbeiter der nächsten Generation. Wenn Sie auf so jemanden in Ihrer Gemeinde aufmerksam werden, dann stellen Sie sich bitte folgende Fragen:

- Ist er wahrhaftig bekehrt und fähig, seinen Glauben an Christus zu artikulieren?
- Ist er Bibelleser und stellt Fragen über die Bibel und Theologie?
- Setzt er die Bibel gewissenhaft in seinem Denken und Lebenswandel um?
- Ist er demütig und belehrbar?
- Ist er treu und zuverlässig?
- Gab oder gibt es irgendeine Sünde in seinem Leben, die Christus verunehren könnte?
- Dient er anderen aus eigenem Antrieb?
- Wirkt er beim Evangelisieren mit?
- Ist er ein geborener Kommunikator?

- Zeigt er im Alltag Führungsqualitäten (in der Schule, am Arbeitsplatz oder beim Sport)?
- Folgen andere ihm aufgrund seines Engagements nach?
- Reagieren Menschen positiv auf seine Mitarbeiter?
- Ist sein Familienleben in Ordnung?
- Sind seine Beziehungen zu anderen in Ordnung?
- Bringt sich auch sein Ehepartner in den geistlichen Dienst ein?
- Ist er emotional stabil und robust? Kann er mit Kritik, Enttäuschungen und Fehlschlägen umgehen?

Wer diese Voraussetzungen erfüllt, hat das Potenzial zu einem »anerkannten Mitarbeiter am Evangelium«. Und einer der nützlichsten Meilensteine auf diesem Weg ist eine praktische, gemeindeinterne Ausbildung zum geistlichen Dienst.

11

In der Gemeinde in die Lehre gehen

Wenn wir bei jemanden das Potenzial erkannt haben, für bestimmte Aufgaben im »Werk des Evangeliums« ausgesondert zu werden, was geschieht dann in der Folge- und Zwischenzeit, bis er schließlich seinen Dienst antritt (z. B. als Missionar, Evangelist oder Pastor)? Gewöhnlich lautet die Antwort: Er studiert an einer Bibelschule oder einem theologischen Seminar. Eine zunehmende Zahl von Gemeinden und Dienstkandidaten fügt hier jedoch einen Zwischenschritt ein: ein Praktikum oder eine Lehre[1] für den geistlichen Dienst, das bzw. die vor einem formellen Theologiestudium absolviert wird und die angehenden Mitarbeiter auf ihrem Weg zum vollzeitlichen Dienst erprobt, trainiert und weiterentwickelt.

Eine Organisation, mit der die beiden Verfasser sehr verbunden sind, ist *Ministry Training Strategy* (MTS) in Hurstville bei Sydney, Australien. MTS hat in den vergangenen 20 Jahren Gemeinden in ganz Australien dabei geholfen, zweijährige gemeindeinterne Ausbildungen zum geistlichen Dienst einzurichten. Ableger von MTS sind entstanden in Kanada, Großbritannien, Frankreich, der Republik Irland, Nordirland, Singapur, Neuseeland, Taiwan, Japan, Chile und Südafrika. Zugrunde

---

1 Im engl. Original steht für »ein Praktikum oder eine Lehre« der Begriff *apprenticeship*, d. h. Lehre im Sinne einer praktischen Berufsausbildung. Da man natürlich in dieser Tätigkeit keine anerkannte Ausbildung absolvieren kann, lässt sich das eher mit einem Praktikum vergleichen (Anm. des dt. Herausgebers).

liegt der Gedanke, dass aussichtsreiche Kandidaten für ein zweijähriges Programm rekrutiert werden, bei dem sie einen umfassenden Eindruck bekommen, was es heißt, für eine Gemeinde oder ein christliches Werk zu arbeiten. Ihre Kenntnis, ihr Charakter und ihre Kompetenz werden erprobt und gefördert. Unter der Leitung eines erfahrenen Pastors bekommen sie einen Einblick in das Wesen und den Rhythmus des geistlichen Dienstes. Sie lernen wichtige Lektionen, erwerben wertvolle Fertigkeiten und prüfen so, ob sie langfristig für das Werk des Evangeliums geeignet sind.

Das MTS-Lehrprogramm begann 1979, als Phillip Jensen anfing, einige eifrige Universitätsabsolventen zu schulen, deren Herz für Gott brannte. Damals hatte man keine langfristige Vision oder gar Expansionspläne. Doch seit 1979 hat MTS über 1200 Absolventen in Gemeinden und Studentenmissionen in ganz Australien geschult. Davon studieren derzeit über 200 an verschiedenen Hochschulen Theologie und mehr als 400 weitere haben ihr Studium bereits absolviert und dienen jetzt in aller Welt als vollzeitliche Mitarbeiter im geistlichen Dienst.[2]

Eine der häufigsten Fragen, die uns in den vergangenen Jahren gestellt wurde, lautet: *Warum sollte man sich die Mühe eines Lehrpraktikums machen?* Wenn wir unsere Absolventen doch sowieso anschließend in ein formelles Theologiestudium schicken, trägt das Praktikum dann wirklich noch irgendetwas von Bedeutung hinzu? Zwei zusätzliche Ausbildungsjahre sind für angehende Pastoren ein großes Opfer; außerdem stehen Pastoren und Gemeinden vor einer gewaltigen Aufgabe, wenn sie unerfahrene Praktikanten bzw. Lehrlinge begleiten und bezahlen sollen. Doch wir haben die Erfahrung gemacht, dass die Lehrlinge sehr davon profitieren.

---

2 Mehr über MTS im Interview in Anhang 2 und auf Seite 219.

In der Gemeinde in die Lehre gehen

1. Lehrlinge lernen, Wort, Leben und Dienstpraxis miteinander zu verbinden

Im Frontalunterricht geht es hauptsächlich um die Vermittlung und Verarbeitung von Informationen, und es ist nicht immer sofort ersichtlich, wie das Wort Gottes das gesamte Leben und den Dienst prägen soll. Daraus resultiert zwangsläufig ein (durchaus auch berechtigtes) Abstraktionsniveau. Bei einer praktischen Lehre jedoch studieren der Ausbilder und der Lehrling Woche für Woche gemeinsam die Schrift und ringen darum, wie sie auf Fragen der Seelsorge, theologische Modeströmungen und alle Aufgaben im Dienstplan anzuwenden ist. Der Lehrling lernt, über alles biblisch und theologisch zu denken, und übt das mit seinem Ausbilder praktisch ein.

2. Der Charakter der Lehrlinge wird erprobt

Ein Pastor, der eng mit einem Lehrling zusammenarbeitet, kann erkennen, was im Frontalunterricht vielleicht nicht ersichtlich ist. Wenn man dem Druck und den Auseinandersetzungen des Dienstalltags ausgesetzt ist, wird deutlich, was nur Schein und was echter Charakter ist. So offenbart sich das wahre Ich – die wahren Motive, die Fähigkeit zu lieben und zu vergeben, die Narben und Schmerzen aus der Vergangenheit usw. Ein weiser Ausbilder kann beim angehenden Mitarbeiter einen gottgefälligen Charakter prägen – durch das Wort Gottes, durch Fürbitte, indem er von ihm Rechenschaft fordert und ihm als Vorbild dient.

3. Lehrlinge lernen, dass es beim geistlichen Dienst nicht um Programme, sondern um Menschen geht

Wir wissen, dass es im geistlichen Dienst darum geht, dass Menschen durch das Evangelium verändert und gottgefällige Gemeinden gebaut werden. Wichtiger als alles andere aber ist, dass eine Lehrausbildung bedeutet, sich über Monate oder Jahre mit Menschen zu befassen: mit Ungläubigen, mit Neubekehrten, die zu Jüngern gemacht werden, mit der Schulung von Jugendleitern, der Leitung von Kleingruppen oder damit, die zu ermutigen, die sich abmühen. Unser Ziel ist, dass Lehrlinge 20 Stunden pro Woche im direkten Dienst an Menschen verbringen – mit der aufgeschlagenen Bibel. Sie lernen so aus erster Hand, dass es beim geistlichen Dienst nicht um Strukturen geht, sondern um Menschen.

4. Lehrlinge sind auf ein formelles Theologiestudium gut vorbereitet

Während der zweijährigen Einbindung in den geistlichen Dienst werden viele biblische und theologische Fragen im passenden Kontext gestellt und besprochen, bei Evangelisation und Gemeindebau. Am Ende der Lehrzeit freuen sich die Absolventen auf die Gelegenheit, sich mit diesen Fragen in einem weiterführenden Studium auseinanderzusetzen. Die Motivation und Ausrichtung beim weiterführenden Studium wird dann sein, auf das Leben und den Dienst vorbereitet zu sein, statt einfach nur Examen zu bestehen.

5. Lehrlinge lernen, in der realen Welt zu dienen

Eines der Probleme des Frontalunterrichts ist, dass der Schüler sich den Inhalt nicht auf dieselbe Weise aneignet, als wenn er eine Predigt zum Thema vorbereiten oder im Pastoraldienst ein persönliches Gespräch darüber führen würde. Was er lernt, ist losgelöst vom alltäglichen Leben und Dienst. Er lernt zehn verschiedene Ansichten über die Erlösung auswendig, um seine Examen zu bestehen, und nicht etwa deshalb, weil der Unterschied zwischen diesen Ansichten von Bedeutung ist. Andere in der Wahrheit zu unterrichten hilft dem Lehrling zu verstehen, dass theologische Ausbildung wichtig ist.

Ein weiteres Problem an einer rein akademischen Ausbildung ist, dass sie nur zu bestimmten Persönlichkeitstypen passt (d. h. zu denen, die gerne lesen, nachdenken, analysieren und schreiben). Allerdings könnten einige unserer besten Evangelisten und Gemeindegründer gerade solche sein, denen akademischer Unterricht sehr schwerfällt. Diese Menschen gedeihen gut in einem Kontext, in dem sie reden, predigen und geistliche Dienste aufbauen, während ein Mentor sie dabei begleitet. In der akademischen Welt würde man sie für Versager halten.

6. Lehrlinge lernen, andere zu trainieren, damit der Dienst wächst

Weil Lehrlinge die Erfahrung gemacht haben, von einem Mentor persönlich in Leben und Dienst begleitet zu werden, eignen sie sich eine »Trainingsgesinnung« an. Wenn sie künftig einen Dienst leiten, werden sie instinktiv Mitarbeiter zurüsten und Mitarbeiterteams aufbauen. Wer eine rein akademische theologische Ausbildung absolviert, hat oft keinen Blick und Sinn dafür, den Dienst anderen anzuvertrauen. Wer als Lehrling ausgebildet wurde, neigt später als Gemeindeleiter dazu, selbst Lehrlinge zu suchen.

7. Lehrlinge lernen Evangelisation mit Unternehmergeist

Eine Lehrausbildung bietet die Gelegenheit, strategisch und kreativ über den Dienst zu denken. In unserem nachchristlichen, pluralistischen, multikulturellen missionarischen Kontext haben Pastoren nicht mehr eine Herde, die am Sonntagmorgen auf der Kirchenbank sitzt und auf die Predigt wartet. Lehrlinge können mit neuen Wegen experimentieren, wie man Menschen erreichen kann, und die Initiative für neue Gruppen und Programme ergreifen.

Kapitel 11

Das MTS praktiziert in mehrfacher Hinsicht, wozu Paulus Timotheus aufforderte: »Und was du von mir gehört hast vor vielen Zeugen, das befiehl treuen Menschen an, die tüchtig sind, auch andere zu lehren« (2Tim 2,2). Paulus weiß, dass er bald sterben wird, und er bedenkt: Eine weiterbestehende treue Verkündigung des Evangeliums wird nicht dadurch gewährleistet, dass man lehrhafte Bekenntnisse verfasst oder institutionelle Strukturen schafft (so wichtig diese auch sind). Das Evangelium wird nur dadurch bewahrt und verbreitet, dass man es von einer treuen Hand zur nächsten weiterreicht, dass jede Generation treuer Prediger das ihnen anvertraute heilige Gut der nächsten Generation weiterreicht, die wiederum andere lehrt und anleitet.

Beim MTS geht es in der Tat darum, den Stab des Evangeliums an die nächste Generation weiterzureichen. Das MTS-Handbuch für die Lehrausbildung zum geistlichen Dienst (*Passing the Baton*, d. h. »Den Stab weiterreichen«) enthält zahlreiche Informationen, was man in einer zweijährigen Lehrausbildung erzielen kann, wie man diese Zeit strukturiert und durchführt, wie man Lehrlinge rekrutiert und trainiert usw.

Ein Punkt, der es wert ist, an dieser Stelle vertieft zu werden, ist der Kreislauf von Training und Wachstum. Wie Sie sich erinnern werden, begannen wir mit der Aussage, dass alle Christen dafür trainiert werden sollten, jüngermachende Jünger zu sein. Dazu brauchen sie Schulung in der Erkenntnis Gottes (Kenntnis), in der Gottesebenbildlichkeit (Charakter) und in ihrer Fähigkeit, anderen zu dienen (Kompetenz). Wir schlagen vor, als Beginn zunächst nur eine kleine Zahl potenzieller Mitarbeiter auszuwählen und anzufangen, sie zu trainieren – mit der Erwartung, dass einige von ihnen wiederum fähig sind, andere zu unterweisen. Wenn dieser Kreislauf der Schulung weitergeht, bildet sich ein Mitarbeiterstamm von Jüngermachern, die an Ihrer Seite arbeiten, um Menschen zu helfen, Fortschritte im »Wachstum des Wortes« zu machen.

Im weiteren Verlauf Ihres Jüngerschaftstrainings werden Ihnen einige talentierte Kandidaten mit echtem Dienstpotenzial auffallen. Diese Kandidaten fordern Sie auf, den hauptberuflichen geistlichen Dienst anzustreben, damit sie die nächste Generation »anerkannter Mitarbeiter am Evangelium« werden. Sie beginnen eine Lehrausbildung zum geistlichen Dienst, besuchen anschließend eine Bibelschule oder eine theologische Hochschule und nehmen dann ihren vollzeitlichen Dienst auf, um selbst zu beginnen, Jünger zu trainieren – und der Kreis schließt sich.

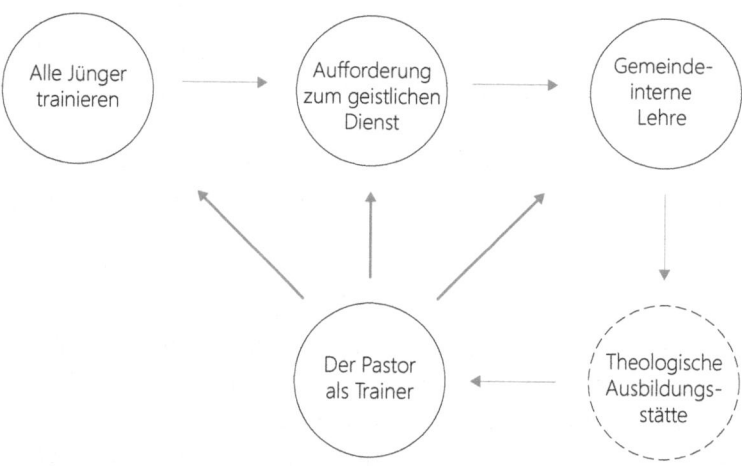

So funktioniert es zumindest in der Theorie. Die Realität sieht natürlich oft unsystematischer aus und ist daher nur schwer grafisch darstellbar. Manche Lehrlinge für den geistlichen Dienst gehen nicht auf eine theologische Hochschule; ihr zweijähriger Einsatz hilft ihnen (oder ihren Trainern) zu erkennen, dass ihnen entweder der Charakter oder die Kompetenz fehlt, zum Werk des Evangeliums berufen zu werden. Für diejenigen wiederum, die eine theologische Hochschule absolvieren, ergibt sich eine enorme Vielfalt von möglichen Diensten – vom Missionar im Ausland über den Gemeindepastor bis dahin, dass man in seinen weltlichen Beruf zurückgeht und ehrenamtlicher Mitarbeiter in einer Gemeindegründungsarbeit wird.

Kapitel 11

Die Praxis ist auch deshalb unsystematisch, weil wir manchmal die falschen Leute rekrutieren. Es gibt eine ganze Reihe häufiger Fehler:

- Wir rekrutieren nur Kandidaten, die wir selber mögen – deren Persönlichkeit in unser persönliches Schema oder zu unserer Arbeitsweise passt.
- Wir übergehen den Sonderling oder Revolutionär, der schwieriger zu trainieren ist, aber ganze Völker missionieren könnte.
- Wir übersehen den Kreativen oder Intuitiven, der nur schwache Führungsqualitäten hat, aber Menschen auf viele Weisen erreicht, die uns nicht im Traum einfallen würden.
- Wir rekrutieren lieber einen auffälligen, kontaktfreudigen jungen Superstar statt jemanden, der wirklich Charakter und Substanz hat.
- Wir rekrutieren nur Mitarbeiter für eine einzige Art von Dienst – der in unserer Konfession traditionell überbetont wird –, statt bei einem begabten, gottesfürchtigen Kandidaten anzufangen und darüber nachzudenken, welche Art von Dienst man mit ihm aufbauen kann.
- Wir stecken Menschen für immer in eine bestimmte Schublade; wir lassen sie nicht über unseren ersten Eindruck von ihnen hinauswachsen.
- Wir warten zu lange, um jemanden zu rekrutieren, bis er endgültige Entscheidungen hinsichtlich Familie oder Beruf fällt, die die Weichen weg vom vollzeitlichen Dienst stellen.

Wen auch immer Sie rekrutieren – einer unangenehmen Wahrheit müssen Sie sich stellen: Menschen zum Dienst zu rekrutieren, sie als Lehrlinge auszubilden und sie zur Bibelschule zu schicken wird dazu führen, dass Sie ständig Ihre besten und begabtesten Gemeindeglieder verlieren. Das ist eine Prüfung für Ihre Herzenshaltung zum Evangelium. Woran sind Sie mehr interessiert: am Wachstum Ihrer eigenen Gemeinde oder am Wachstum des Reiches Gottes? Sind Sie dem Wachstum der Gemeinde verpflichtet oder dem Wachstum des Evangeliums? Wollen Sie sofort höhere Besucherzahlen oder im Laufe der nächsten 50 Jahre mehr Arbeiter für die Ernte?

In der Theorie ist es einfach, diese Fragen richtig zu beantworten. Doch Glaube ohne Werke ist tot. Wir beweisen, dass wir auf die Kraft des Evangeliums vertrauen und darauf, dass Christus über alle Welt als König herrscht, wenn wir fortlaufend unsere besten und klügsten jungen Leute ins Werk des Evangeliums aussenden.

Das Wunderbare an dieser Freigiebigkeit ist, dass Gott sie liebt und segnet. Wir haben die Erfahrung gemacht: Gerade die Gemeinden, die nicht versuchen, an ihren Leuten festzuhalten, sondern sie kontinuierlich trainieren und dann großzügig anderswohin zu Weiterbildung und Dienst aussenden, sind es, die Gott mit immer mehr neuen Leuten überschüttet, um sie zu trainieren.

Die Trainingsgesinnung ist ein Motor für Wachstum und Dynamik. Sie multipliziert den Dienst, weil sie die Zahl der Diener multipliziert. Sie bringt kontinuierlich jüngermachende Jünger hervor – sowohl vor Ort in unseren Gemeinden als auch in aller Welt – zur Ehre des Herrn Jesus, der alle Macht hat bis zum Ende des Zeitalters.

12

Den Anfang wagen

Wir begannen dieses Buch mit einem Rankgewächs – einem Weinstock, wenn man so will –, einem Spalier und dem Missionsbefehl. Und wir hatten am Anfang versprochen, dass wir keine neue Spezialtechnik, keine magische Kugel und keine Methode anbieten werden, die Ruhm und Erfolg garantiert.

Das konnten wir sagen, weil die Gemeindearbeit wirklich nicht besonders kompliziert ist. Er besteht einfach nur darin, echte Nachfolger des Herrn Jesus Christus zu machen und zu nähren – durch die vom Heiligen Geist bevollmächtigte Verkündigung des Wortes Gottes unter Gebet. Es geht um Jüngermachen.

Das ist weder schwer zu verstehen, noch schwer zu tun – es sei natürlich denn, dass Sie ein Sünder sind, der in einer sündigen Welt lebt. Der verführerisch leichte Auftrag zum Jüngermachen wird dadurch zu einer Sache, die uns einiges abverlangt und die in dieser Welt frustrierend und schwierig ist – nicht etwa, weil sie so schwer zu verstehen wäre, sondern weil es so schwer fällt, sie beharrlich zu tun.

Deshalb rennen wir wie irre hinter jedem neuen Gemeindewachstumsguru her, der uns erzählt, wie er aus dem Nichts eine Gemeinde mit mindestens 5000 Mitgliedern gegründet hat und der angeblich eine Methode kennt, die unserer Gemeinde dasselbe Wachstum garantiert. Alle fünf oder zehn Jahre kommt eine neue Welle über uns. Sei es das »besucherfreundliche Modell«, die »Kirche mit Vision«, das »missionale« Modell gesellschaftlichen Engagements, oder welche Sau auch immer demnächst durchs Dorf gejagt wird. An all diesen Methoden gibt es durchaus gute Einzelpunkte, aber sie alle liegen gleichermaßen daneben – weil unser Ziel nicht Gemeindewachstum ist, sondern Jünger zu machen.

Wir wollen unsere Gedanken in den folgenden Thesen zusammenfassen:

Zehn Thesen zum Jüngermachen

1. Unser Ziel ist, Jünger zu machen

Der Zweck der Gemeindearbeit ist nicht, mehr Gottesdienstbesucher am Sonntag, größere Mitgliederzahlen, mehr Leute in Kleingruppen oder ein größeres Budget zu bekommen (so wichtig und wertvoll all das ist!). Das Ziel lautet grundsätzlich, Jünger zu machen, die selber Jünger machen – zur Verherrlichung Gottes. Wir wollen erleben, dass Menschen, die tot in ihren Übertretungen sind, bekehrt werden, um in Christus lebendig zu werden; dass man sie, nachdem sie bekehrt sind, in der Nacharbeit betreut und fest im Glauben gründet, damit sie reife Jünger Jesu werden; und dass man sie, nachdem sie im Glauben fest gegründet sind, in der Erkenntnis Gottes, in der Gottesfurcht und in den nötigen Fertigkeiten trainiert (in Kenntnis, Charakter und Kompetenz), damit sie wiederum andere zu Jüngern machen.

Das ist der Missionsbefehl: Jünger machen. Der Prüfstein, ob eine Gemeinde gedeiht, ist der, ob sie echte jüngermachende Jünger Jesu Christi macht.

2. Gemeinden neigen zur Institutionalisierung

Gemeinden driften unausweichlich in Richtung Institutionalisierung und Verweltlichung. Der Schwerpunkt verschiebt sich vom Weinstock zum Spalier – vom geistlichen Wachstum des

Jüngermachens weg hin zur Organisation und Aufrechterhaltung von Aktivitäten und Programmen. Als Gemeindehirten verfallen wir in ein Denken, in dem es nur noch um Strukturen und Gemeindebelange geht. Wir reiben uns auf, um Leute in Gruppen zu bekommen, mehr Teilnehmer für zahlreiche Programme zu gewinnen, Veranstaltungen zu planen, zu denen möglichst viele Leute kommen sollen usw. Wir hören auf, unter Gebet darüber nachzudenken, wo *Menschen* jeweils beim Wachstum des Evangeliums stehen. Stattdessen konzentrieren wir uns darauf, im großen Rahmen Gruppenaktivitäten zu betreiben – und die Teilnahme daran irrtümlich mit Wachstum in der Jüngerschaft gleichzusetzen.

Doch der Besuch von Gemeindegruppen und Aktivitäten bewirkt ebenso wenig Wachstum in der Jüngerschaft, wie man durch die bloße körperliche Anwesenheit bei der Bergpredigt ein Jünger Jesu würde. Viele von denen, die bei Jesus waren und ihm zeitweise nachfolgten, waren keine echten Jünger. Die Massen strömten ihm aus verschiedenen Gründen zu, doch ebenso schnell verließen sie ihn auch wieder.

3. Der Kern des Jüngermachens ist Training unter Gebet

Das Wort »Jünger« bedeutet im Griechischen »Lernender« oder »Schüler«. Und genau so werden wir Jünger und wachsen als Jünger: indem wir das Wort Christi – das Evangelium – hören und tiefer kennenlernen, und indem der Heilige Geist dadurch unser Herz verändert. Die »Arbeit am Weinstock« besteht im Kern darin, unter Gebet und in der Vollmacht des Heiligen Geistes die Botschaft der Bibel von Mann zu Mann (oder zu Männern, oder Frau zu Frau) weiterzusagen. Verschiedene Strukturen, Aktivitäten, Veranstaltungen und Programme können einen Rahmen bieten, in dem diese Verkündigung begleitet von Gebet stattfinden kann; aber ohne die Verkündigung ist alles nur Spalier und nichts Weinstock.

4. Das Ziel der gesamten Gemeindearbeit ist, Jünger heranzubilden

Es gibt mehr als nur einen einzigen richtigen Rahmen oder mehr als nur eine Struktur für das Jüngermachen. Mancherorts hat eine »Jüngerschafts-Bewegung« die Begriffe des Jüngermachens für sich vereinnahmt. Man meint, wahres Jüngermachen geschehe nur durch persönliches Mentoring von Mann zu Mann, nicht aber im Rahmen von Gottesdiensten, Kleingruppen und anderen Gemeindeversammlungen. *Das Ziel des gesamten geistlichen Dienstes in allen seinen Ausprägungen – der ganzen Gemeindearbeit – ist es, Jünger zu machen.* Die Sonntagspredigt soll ebenso darauf abzielen wie die Kleingruppe am Dienstagabend, das einmal monatliche Männerfrühstück ebenso wie das inoffizielle Treffen von Glaubensgeschwistern am Samstagnachmittag.

Das Pendel scheint in dieser Sache umzuschwingen. Während wir diese Zeilen schreiben, haben die meisten Gemeinden, die wir kennen und besuchen, das Problem, dass viel zu wenig persönliche Arbeit von Mann zu Mann geschieht. Strukturierte Aktivitäten und Gruppenveranstaltungen nehmen überhand und die Gemeindemitarbeiter verwenden mehr Zeit für Organisation und Verwaltungsaufgaben, statt Menschen nachzugehen, zu Jüngern zu machen und zu trainieren. Sie investieren selbst kaum Zeit in die Schulung Einzelner, und diese Einzelnen wiederum nehmen sich kaum die Zeit, andere zu treffen, um sie zu unterweisen. Der Schwerpunkt hat sich verlagert: weg von den Einzelnen und deren Wachstum als Jünger und hin zu Aktivitäten, Veranstaltungen und zahlenmäßigem Wachstum.

5. Jünger sein heißt Jünger machen

Jesus vermittelte seinen Jüngern die Vision, weltweit Jünger zu machen. Kein Winkel der Welt ist dabei Sperrgebiet und kein Jünger ist von der Arbeit ausgenommen.

Es ist ganz natürlich, dass wir vor einer so radikalen Herausforderung zurückschrecken. Sie verdrängt unsere angenehme Kuschelvision vom »gemütlichen Christenleben« durch den Ruf an alle Christen, ihr Leben der Aufgabe zu weihen, Jünger Jesu zu machen.

»Jüngermachen« ist ein wirklich treffendes Wort, um diesen radikalen Ruf auf den Punkt zu bringen; denn es schließt sowohl ein, dass man Nichtchristen evangelisiert, als auch dass man Christen ermutigt, im Glauben zu wachsen, um Christus ähnlicher zu werden. Wie Matthäus 28 sagt, bedeutet »Jüngermachen«, Menschen auf den Namen Christi zu taufen und ihnen beizubringen, alles zu halten, was Jesus geboten hat. Jüngermachen beschreibt somit ein weites Feld von Beziehungen, Gesprächen und Aktivitäten – alles von der Predigt über den Unterricht in der Sonntagsschule, das sprichwörtliche Gespräch am Gartenzaun mit dem ungläubigen Nachbarn bis dahin, dass man einem Glaubensbruder oder einer Schwester einen kurzen Gruß zur Ermutigung schreibt; von der Einladung eines Familienangehörigen zu einem evangelistischen Gästegottesdienst der Gemeinde bis zum persönlichen Bibelstudium mit einem Mitchristen; vom Vorlesen der Bibel für die eigenen Kinder bis dahin, dass wir bei der Teepause im Büro als Christ zu etwas Stellung beziehen.

6. Jüngermacher müssen in Kenntnis, Charakter und Kompetenz trainiert und zugerüstet werden

Wenn diese Vision vom Jüngermachen korrekt ist, dann gehört auch als fester Bestandteil zum Jüngermachen, dass man jeden Jünger lehrt und darin trainiert, andere zu Jüngern zu machen. Dieses Training ist mehr als bloß die Vermittlung bestimmter Fertigkeiten oder Techniken. Dazu gehört auch, Menschen heranzubilden und zu schulen: in Verständnis und Erkenntnis (d. h. ihrer Kenntnis), in Gottesfurcht und Lebenswandel (ihrem Charakter) und in ihren Fertigkeiten und praktischen Erfahrungen, anderen zu dienen (ihrer Kompetenz).

Diese Art Schulung ähnelt mehr der Elternschaft als dem Schulunterricht. Sie ist eine Sache der persönlichen Beziehungen und des Vorbildes und Nachahmens. Die meisten Gemeinden und Glaubenswerke müssen, wenn sie auf diese Weise anfangen wollen, neu über Schulung zu denken, ihre Vorstellung vom geistlichen Dienst in einer ganzen Reihe bedeutender Punkte verändern: Statt Programme und Veranstaltungen abzuhalten, müssen sie sich auf Menschen und deren Training konzentrieren; statt Menschen zu benutzen, müssen sie ihnen helfen zu wachsen; statt Strukturen aufrechtzuerhalten, müssen sie neue Jüngermacher heranbilden.

7. Es gibt nur eine einzige Klasse von Jüngern, unabhängig von ihrer Aufgabe oder Verantwortung

Alle Christen sollen Jüngermacher sein und versuchen, zum »Wachstum des Weinstocks« beizutragen – wann und wie immer möglich. Unter den vielfältigen Gaben und Aufgaben, die verschiedene Christen für diesen Auftrag haben, gibt es allerdings einige mit einer besonderen Verantwortung: Pastoren, Aufseher und Älteste sollen lehren, ermahnen, zurechtweisen und ermutigen. Sie sind die Pioniere und Organisatoren von Christi Auftrag des Jüngermachens, die Wächter und Mobilisatoren, die Lehrer und Vorbilder. Pastoren, Älteste und andere Leiter sorgen für die Voraussetzungen, unter denen der Rest der Gemeinde mit der Arbeit am Weinstock vorankommt – indem sie unter Gebet anderen Gottes Wort sagen.

Im Grunde genommen sind alle Pastoren und Ältesten nur Mitspieler in der Mannschaft. Sie sind nicht anders beschaffen, haben keinen anderen Status und keine grundsätzlich andere Aufgabe – als wären allein sie die Spieler und der Rest der Gemeinde bloß Zuschauer oder Hilfskräfte. Ein Pastor oder Ältester ist einer der Arbeiter am Weinstock, dem eine besondere Verantwortung gegeben wurde, für die Gemeindeglieder zu sorgen und sie dafür zuzurüsten, Jüngermacher zu sein.

8. Der Missionsauftrag mit dem Auftrag des Jüngermachens verpflichtet uns, neu über den Sonntagsgottesdienst und den Stellenwert von Training in unserer Gemeinde nachzudenken

Was steht dem Auftrag Christi vom Jüngermachen in christlichen Gemeinden im Weg? In den meisten Fällen ist es weder ein Mangel an Leuten, die zu trainieren wären, noch an Nichtchristen, die zu erreichen wären, sondern Strukturen und Traditionen des Gemeindelebens, die alles ersticken. Diese Hindernisse sind vielleicht konfessionsgebunden und althergebracht, oder sie sind die Folge davon, dass man jeder neuesten Mode des Gemeindewachstums hinterherrennt. Vielleicht liegt es am Denken des Pastors oder am Denken der Gemeindeglieder, oder – was am wahrscheinlichsten ist – an beidem.

Wenn das Ziel unserer gesamten Gemeindearbeit darin besteht, Jünger zu machen, dann müssen viele Gemeinden (und ihre Pastoren) in einigen Punkten neu darüber nachdenken, was sie versuchen, im gewöhnlichen Sonntagsgottesdienst zu erreichen und in welchem Verhältnis das zu anderen Diensten unter der Woche steht. Das kann bedeuten, dass man etwas Neues anfängt; sehr oft aber wird das bedeuten, Strukturen oder Programme zu beerdigen, die dem Ziel des Jüngermachens nicht mehr effektiv dienen. Das kann bedeuten, einige regelmäßige Aktivitäten und Veranstaltungen zu entrümpeln, so dass die Gemeindeglieder tatsächlich die Zeit haben, überhaupt Jünger zu machen – sich mit ungläubigen Freunden zu treffen, persönlich mit neuen Gemeindebesuchern zusammenzukommen usw. Das kann die Sichtweise der Gemeindemitarbeiter für ihren Dienst revolutionär verändern: Sie sehen sich dann nicht mehr als Dienstleister oder Manager, sondern als Trainer.

9. Training beginnt fast immer im Kleinen und wächst durch Multiplikation der Arbeiter

Beim Stichwort Training sind wir immer versucht, ein neues Programm zu starten – eine Vielzahl von Trainingskursen, durch die wir so viele Gemeindeglieder wie möglich jagen. Wir gehen an die Aufgabe des Trainings mit der Geisteshaltung eines Managers heran – orientiert an Strukturen und Veranstaltungen –, und versuchen herauszufinden, wie man alles massenhaft und effizient erledigen kann. Aber auf diese Weise kann man Menschen ebenso wenig trainieren, wie man auf diese Weise Vater oder Mutter sein könnte. Schulung ist immer personen- und beziehungsorientiert, und dafür braucht man Zeit. Dazu gehört nicht nur, Kompetenzen zu vermitteln, sondern auch Kenntnis und Charakter.

Dazu gehört, Vorbilder nachzuahmen und selber Vorbild zu sein. Trainingskurse und andere Hilfsmittel sind uns bei dieser Aufgabe sehr nützlich. Sie können uns enorm viel Zeit sparen (die wir nicht haben, um den Trainingsinhalt selbst zu entwerfen und auszugestalten); sie können uns auch einen exzellenten Rahmen bieten, in dem das personen- und beziehungsorientierte Training stattfinden kann. Aber das Training muss beim Menschen anfangen und sich auf Menschen konzentrieren – und nicht auf Programme.

Mit anderen Worten: Wenn wir anfangen wollen, Jünger im Jüngermachen zu trainieren, müssen wir ein Netz persönlicher Dienste aufbauen, bei denen die Gemeindeglieder andere trainieren. Und das kann nur dann losgehen, wenn wir eine Reihe voraussichtlich geeigneter Kandidaten auswählen und beginnen, sie als Mitarbeiter heranzubilden. Diese Gruppe wird Ihnen bei der Arbeit zur Seite stehen und mit der Zeit selbst zu Ausbildern weiterer Mitarbeiter werden. Manche Ihrer Mitarbeiter werden ihr Potenzial ausschöpfen und nützliche Mitarbeiter und Jüngermacher werden, andere hingegen nicht. Aber das ist unvermeidlich. Gemeindearbeit, die auf der Beziehungen zu Menschen basiert statt auf Programmen, ist unausweichlich zeitaufwendig und unsystematisch.

10. Wir müssen die nächste Generation von Pastoren, Lehrern und Evangelisten zum Dienst auffordern und rekrutieren

Wenn das Training erst einmal richtig an Fahrt aufnimmt und Leute aus Ihrer Gemeinde bewegt, in den Dienst am Nächsten zu treten, werden einige »aussichtsreiche Kandidaten« auftauchen: Menschen mit gefestigter Kenntnis, Charaktergestaltung und Kompetenz. Sie sind die potenziellen »anerkannten Arbeiter am Evangelium« der nächsten Generation. Und falls Sie Pastor oder Ältester sind, gehört es zu Ihrer Verantwortung vor Gott, diese »treuen Menschen an, die tüchtig sind, auch andere zu lehren« (2Tim 2,2), zu erkennen, zu fördern, zu trainieren und ihnen die Verkündigung des Evangeliums anzuvertrauen.

Viele Gemeinden haben die Erfahrung gemacht, dass ein gemeindeinternes Praktikum oder eine Lehrausbildung (wie das vom MTS angebotene Programm) diesen Prozess äußerst effektiv fördert.

Den Anfang wagen

Wir hoffen, dass Ihnen durch die Lektüre dieses Buches jetzt eine Menge Ideen und Möglichkeiten einfallen, die Sie in Ihren Dienst einbringen können. Allerdings ist es oft nicht leicht, eine Vielzahl ungeordneter Gedanken in konkrete Ziele oder Schritte umzusetzen.

Um Ihnen beim Nachdenken und Planen zu helfen, wollen wir Ihnen hier (als nur ein mögliches Beispiel) zeigen, wie Sie anfangen können, Ihren Dienst neu zu gestalten, sodass er sich künftig mehr um Menschen als um Programme und Veranstaltungen dreht.

Kapitel 12

Schritt 1: Legen Sie die Agenda für den Sonntag fest

Wenn Sie Ihr Gemeindeleben in Richtung Jüngermachen und Training lenken wollen, dann muss diese neue Ausrichtung auch Ihre regelmäßigen Sonntagsgottesdienste prägen.

Sie können zum Beispiel eine Predigtreihe zum Thema halten: »Was ist Wachstum des Evangeliums?«, oder über »Jüngerschaft und Jüngermachen«. Sie können die biblische Gesamtschau des Missionsbefehls erklären und dass dieser Auftrag auch für uns bedeutet, als Jünger andere zu Jüngern zu machen.

Weit wichtiger als das aber ist, dass Sie bei Ihrer regelmäßigen Schriftauslegung

- zeigen, wie das Evangelium der Gnade ein Leben voll Lobpreis und Aufopferung für Christus prägt;
- die Gemeinde für die gewaltige, ewige Absicht Gottes begeistern, Jünger zu machen und eine Gemeinschaft von Jüngern unter der Herrschaft Christi aufzubauen;
- die Gemeinde zu radikaler Jüngerschaft aufrufen;
- Ihre Erwartung klar ausdrücken, dass Ihre Hörer die Botschaft Ihrer Predigt auch an andere weitergeben (Sie können ihnen für die persönliche Evangelisation und Weitergabe Zusammenfassungen Ihrer Predigten oder Gesprächsleitfäden aushändigen);
- auf eine Weise predigen, die den Gemeindegliedern hilft, selbständig die Bibel zu lesen und darüber zu sprechen. Zeigen Sie, wie Sie von Ihrem Bibeltext ausgehend durch gesunde Schriftauslegung zu Ihren Schlussfolgerungen gekommen sind;
- apologetische und seelsorgerliche Fragen aufgreifen, die nicht nur für die Zuhörer nützlich sind, sondern auch für andere, denen die Zuhörer dann persönlich dienen.

Will man die Agenda festsetzen und anfangen, die Kultur der Gemeinde zu verändern, ist das mit der Predigt allein nicht getan. Bringen Sie die Leute dazu, in den Versammlungen nach vorne zu kommen und der Gemeinde mitzuteilen, in welchen Diensten sie engagiert sind. Aber dabei geht es nicht um Superstars oder Erfolgsgeschichten; geben Sie der Gemeinde Beispiele für Menschen, die sich aus ihrer Komfortzone heraus trauen und etwas Neues wagen.

Das wird auch die Gebetsanliegen in unseren Gebetstreffen prägen. Machen Sie die verschiedenen persönlichen Dienste von Gemeindegliedern regelmäßig zum Gegenstand des gemeinsamen Gebets.

Wir können eine Trainingskultur auch mit der Beteiligung der Gemeindeglieder an den Versammlungen verknüpfen. Schulen Sie die, die sich einbringen – durch Musik, Schriftlesung, Gebet, Zeugnis, Begrüßung neuer Gäste usw. – und geben Sie ihnen ein Feedback.

Schritt 2: Arbeiten Sie eng mit Ihrem Ältestenteam oder Gemeinderat zusammen

Wenn Sie in Ihrer Gemeinde den Schwerpunkt auf Jüngermachen und Training legen wollen, ist es offensichtlich entscheidend, dass bereits vorhandene Älteste und Gemeindeleiter vollständig in den Denk-, Planungs- und Entscheidungsprozess eingebunden werden. Hier ein Beispiel, wie ein Pastor an diese Sache herangegangen ist:

> Als wir die Ministry Training Strategy bei den Christian Reformed Churches of Australia (CRCA) einführten, mussten wir bedenken, dass jede dieser Gemeinden von einem Ältestenkollegium geleitet wird. Alle Entscheidungen über das Gemeindeleben und die Ausrichtung der Gemeinde werden von den Ältesten getroffen, die den Gemeinderat bilden.
>
> Als daher Colin Marshall mich einlud, an seinem »Art of Ministry«-Trainingskurs teilzunehmen [einem Vorläufer dieses Buches], wusste ich, dass ich auch mein Ältestenteam mit

an Bord bekommen musste. Ich bat Colin um die Erlaubnis, die Hausaufgaben für meine Ältesten zu fotokopieren. Sie wurden zur Pflichtlektüre vor jedem Treffen des Gemeinderats, und dann diskutierten wir die Texte während der ersten halben Stunde. Das tat ich das ganze Jahr hindurch; so hatten die Ältesten, als ich den Kurs abschloss, ebenfalls alles gelesen.

Als ich den Kurs beendet hatte, wollte ich ihn begeistert in die Tat umsetzen. Ich fragte die Ältesten, was sie darüber dachten. Sie stimmten zu, dass er Teil dessen sein sollte, was wir als Gemeinde tun. Wichtig daran war, wie wir vorgingen – dass sie mir dabei folgen konnten. Sie hatten die nötige Zeit, um all die neuen Ideen zu verarbeiten. Sie hatten die nötige Zeit, um darüber nachdenken und es sich aneignen zu können. Als ich sie nach Ablauf des Jahres fragte: »Sollen wir es tun?«, waren sie daher bereit mitzumachen.

Es ist sehr wichtig, dass Sie Ihrer Gemeindeleitung Zeit geben, um den Stoff zu verarbeiten, zu bewältigten und sich anzueignen. Ich sage das, weil meine Kollegen die Schritte unterließen, die ich nahm; und als sie das Programm ihrem Gemeinderat vorstellten, stießen viele von ihnen auf Widerstand gegen dieses »neumodische Zeug«. Zahlreiche Kollegen baten mich, ihre Ältesten darauf anzusprechen, und ich verbrachte jeweils einen ganzen Abend in diesen Gemeinden, um ihnen in einem Arbeitskreis die Hauptkonzepte des Trainings für den Dienst vorzustellen. Es war eine Freude zu sehen, wie manchen der leitenden Ältesten »ein Licht aufging« und diese daraufhin ihren Pastor dabei unterstützten, ein solches Schulungsprogramm in ihrer Gemeinde aufzubauen.

In der CRCA ist dieser Arbeitsvorgang seitens der Ältesten zwingend eine fortlaufende Sache, da unsere Ältesten jeweils für eine Dienstzeit von drei Jahren gewählt werden. Ich schule alle angehenden Ältesten meiner Gemeinde sechs Monate lang. Dieser Trainingsprozess sowie die vier Workshops, bei denen wir darüber informieren, was das MTS ist und wie es funktioniert, hat sie schon für die »Schulungsmentalität« begeistert, bevor sie als Gemeindeleiter eingesetzt werden. Sie erleben, wie junge Männer im Predigen angeleitet werden, wie Bibelkursleiter geschult werden und wie ein Lehrling die Kompetenz zum Dienst erwirbt. Das vermittelt den Ältesten den Eindruck, dass wir eine ausbildende Gemeinde sind – es ist uns mittlerweile in Fleisch und Blut übergegangen. Alles dreht sich darum, die Geisteshaltung zu entwickeln: »So läuft Gemeinde bei uns.« Es geht darum, im »Jüngermachen« und im »Ausrüsten der Heiligen zum Dienst« treu zu sein. Das ist es, was wir tun müssen, wenn wir jetzt und in Zukunft Pastoren, Evangelisten und Gemeindeleiter haben wollen.

Es ist sehr nützlich, in die Tagesordnungen von Sitzungen des Ältestenteams bzw. des Gemeinderats auch systematisches Training und Austausch über den geistlichen Dienst einzubauen. Im Laufe der Zeit schweißt das die Mitglieder des Ältestenteams als Mitarbeiter des Evangeliums weit mehr zusammen, als es ein Kollegium von Regulierern und Buchhaltern es je könnte. Entscheidungen werden im Hinblick auf ihren Nutzen für das Wachstum des Wortes gefällt.

Im Laufe der Zeit können wir auch die Erwartungshaltung schaffen, dass Ältester oder Gemeinderatsmitglied zu sein auch bedeutet, dass man sich in irgendeinen persönlichen Dienst des Wortes einbringt – z. B. neue Gemeindemitglieder willkommen heißen, sich mit anderen persönlich treffen oder Leuten mit Rat und Tat zur Seite stehen, die potenzielle künftige Leiter sind. Das Gesamtziel lautet, die Einmütigkeit rund um die gemeinsame Aufgabe des Werkes des Evangeliums zu fördern.

Schritt 3: Beginnen Sie, ein neues Mitarbeiterteam aufzubauen

Der Grundsatz dabei lautet: Wirken Sie nachhaltig auf das Leben Weniger ein.

Kapitel 12

Dieses Team ist Ihre »Bruderbande« (Schwestern natürlich eingeschlossen), die um des Evangeliums willen miteinander in den Tod gehen würde; es sind die, denen Sie alles über Ihr Leben und Ihren Dienst sagen und dabei erwarten können, dass sie daraus lernen, andere zu evangelisieren, zu unterrichten und zu trainieren.

Beachten Sie, dass es ein *neues* Team ist. Denken Sie nicht allein an die, die bereits in verschiedenen Diensten oder Komitees dienen. Wählen Sie eine Mischung jetziger und künftiger Leiter, mit denen Sie für die nächsten etwa fünf Jahre zusammen dienen wollen.

Bedenken Sie: Sie rüsten nicht Leute zu, um Lücken im Programm Ihrer Gemeinde zu füllen; vielmehr schulen Sie Mitarbeiter, um die herum Sie einen Dienst aufbauen – je nach deren individuellen Gaben und Möglichkeiten. Manche von ihnen werden neue Dinge wagen, um zu missionieren oder um im Glauben zu wachsen – um etwas zu tun, wovon weder Sie noch jene selbst auch nur im Traum gedacht hätten, dass es möglich wäre.

Das Training dieses Mitarbeiterteams kann eins-zu-eins erfolgen, in Gruppentreffen oder (was weit öfter praktiziert wird) durch eine Mischung von beidem, und es umfasst unsere inzwischen wohlbekannten drei Punkte: Kenntnis, Charakter und Kompetenz. Weitere Ideen, wie man ein Mitarbeiterteam schult, siehe in Kapitel 9.

Schritt 4: Arbeiten Sie mit Ihren Mitarbeitern aus, wie das Jüngermachen in Ihrer Situation zunehmen soll

Nun sind Sie also dabei, ein Mitarbeiterteam zu trainieren; aber wie soll man von dieser Grundlage aus zu vermehrtem Jüngermachen kommen? Wie erreichen wir Multiplikation? Dazu gibt es natürlich mehr als nur eine richtige Antwort, weil dabei so viel von den Gaben und der jeweiligen Situation Ihrer Mitarbeiter abhängt, wie auch von dem Umfeld, in dem Ihre Gemeinde oder Ihre Missionsgesellschaft arbeitet. Hier nur ein möglicher Vorschlag als Anregung.

Den Anfang wagen

In Ihrer Gemeinde gibt es vielleicht schon eine Reihe von Bibelstudiengruppen, die ganz gut funktionieren. Ihre eigentliche Herausforderung liegt allerdings darin, wie Sie neu Hinzugekommenen (seien sie Christen oder nicht) helfen können, ihren Weg in das Gemeindeleben zu finden und zu Jüngern zu werden.

Richten Sie deshalb mit Ihrem Mitarbeiterstab einen Arbeitszweig ein, der besonders auf die Betreuung neu Hinzugekommener abzielt. Der Zweck ist, dass jeder neu Hinzugekommene oder Besucher der Gemeinde persönlich zu Hause besucht wird und man sich während der nächsten Monate um ihn kümmert, bis er fest und froh in einer Kleingruppe verankert ist (wo dann der Gruppenleiter die Verantwortung übernimmt, ihn zum Jünger zu machen). Ihre Mitarbeiter bilden die Frontlinie dabei, diesen Integrationsprozess in die Tat umzusetzen. Sie nehmen sie zu Besuchen bei neu Hinzugekommenen mit und zeigen und erklären ihnen, wie sie einschätzen können, an welcher Stelle jemand im »Wachstumsprozess des Wortes« steht. Jeder Mitarbeiter könnte sich drei Monate lang um zwei oder drei neu Hinzugekommene persönlich kümmern: sie mehrmals besuchen, ihnen das Evangelium verkünden, wenn sie noch nicht Christ sind, mit ihnen die Bibel lesen und beten, ihnen Zweck und Ziel der Gemeinde erklären und ihnen zeigen, wie sie sich daran beteiligen können, sie zum Essen einladen und sie anderen Gemeindegliedern vorstellen, sie anrufen, wenn sie nicht zur Gemeinde kommen und nachfragen, wie es ihnen geht, und dafür sorgen, dass sie sich einer Kleingruppe anschließen.

Es gibt zahlreiche Möglichkeiten, wie Sie Ihre Mitarbeiter darin unterstützen können, sich persönlich mit neu Hinzugekommenen zu treffen, um ihnen ganz persönlich eins-zu-eins geistlich zu dienen. Es gibt Bibelstudienhilfen, um mit jemandem ein Evangelium durchzuarbeiten oder jemandem die Grundlagen des christlichen Glaubens und Lebenswandels zu vermitteln – oder auch einfach nur, um mit jemandem persön-

Kapitel 12

lich die Bibel zu lesen. Es gibt auch hervorragende Arbeitsmittel, die Ihnen dabei helfen, Mitarbeiter für solche Dienste zu schulen.[1]

Das wird nur dann langfristig gelingen, wenn die Kleingruppen alle gut funktionieren – und insbesondere nur dann, wenn die Gruppenleiter dafür trainiert wurden, sich nicht bloß als Vermittler oder Organisatoren zu betrachten, sondern als Pioniere des Jüngermachens und als »Unterhirten« für die Teilnehmer ihrer Gruppe. Regelmäßig Zeit mit Ihren Gruppenleitern zu verbringen, um sie dahingehend zu trainieren, könnte für Sie dann zur nächsthöchsten Priorität werden!

Schritt 5: Bieten Sie Schulungskurse an

Wir haben zwar wiederholt betont, dass persönliches Training unverzichtbar ist – im Gegensatz dazu, die Leute einfach nur durch einen dreiwöchigen Kurs zu jagen –, trotzdem bieten systematische und gebrauchsfertige Kursmaterialien immer noch zahlreiche Vorteile. Sie haben nicht nur einen systematischen Aufbau von hohem Niveau, der die Qualität der Schulung steigern kann; sie können auch als erster Schritt dienen, um herauszufinden, welche Teilnehmer geeignet sind, mehr Verantwortung zu übernehmen und ein intensiveres persönliches Training zu bekommen.

Zum Beispiel könnten Sie alle Kleingruppen Ihrer Gemeinde anspornen, bei ihren normalen Gruppenstunden einen Kurs über

---

[1] Das engl. Original dieses Buches verweist an dieser Stelle auf einen Anhang, in dem entsprechende englischsprachige Materialien empfohlen werden. Da es diese Materialien nicht auf Deutsch gibt, wurde dieser Anhang gestrichen (Sie finden diese Materialien unter www.matthiasmedia.com.au). Stattdessen verweisen wir auf die Literatur- und Kursempfehlungen auf den letzten Seiten dieses Buches sowie auf das EBTC (Europäisches Bibel-Trainings-Centrum; siehe Informationen auf Seite 219), das wir für weiterführende Hilfe und Anregungen zum Thema Jüngerschaftstraining und Mitarbeiterschulung gern empfehlen (Anm. des dt. Herausgebers).

persönliche Evangelisation durchzunehmen.² Das wird allen Gruppenmitgliedern unabhängig von ihrem derzeitigen Stand oder von ihren Begabungen grundlegende Fertigkeiten und Zutrauen vermitteln, damit sie über ihren Glauben sprechen können. Das sollte jeder Jünger können! Allerdings wird man beim Durchführen eines solchen Kurses gewöhnlich auch diejenigen entdecken, die wirklich gut evangelisieren können und die reif für weiteres Training und Engagement in diesem Bereich sind.

Schritt 6: Behalten Sie die aussichtsreichen Kandidaten im Auge

Wenn die Zahl der Teilnehmer an Schulungen und Diensten wächst, müssen Sie diejenigen im Auge behalten, die echtes Potenzial haben. Schlagen Sie einem oder zwei von ihnen vor, ein Praktikum oder eine Lehre in einer Gemeinde anzutreten (siehe Kapitel 11).

Das langfristige Ziel könnte so aussehen, dass diese Lehrlinge eine weiterführende formelle Ausbildung absolvieren und danach in die Gemeinde zurückkehren, um an Ihrer Seite zu arbeiten oder um mit Ihrer Unterstützung eine neue Gemeinde zu gründen. Dienste dieser Art bringen immer weitere Dienste hervor. Je mehr Menschen als Jüngermacher geschult werden, desto mehr Menschen werden kontaktiert, evangelisiert und im Glauben gegründet. Das Arbeitsaufkommen an Menschen wird allmählich wie Pilze aus dem Boden schießen – und damit einhergehend der Bedarf an Pastoren, Leitern, Aufsehern und Ältesten. Die Zahl der angestellten Mitarbeiter Ihrer Gemeinde wird daher zunehmen müssen, einfach um die wachsende Zahl von Menschen zu bewältigen, die angeleitet und geistlich versorgt werden müssen.

---

2 Alternativen zu den im engl. Original an dieser Stelle empfohlenen, auf Deutsch nicht erhältlichen Kursen wären z. B.: Mark Dever: *Persönliche Evangelisation* (Betanien Verlag, 2008) oder Volker Braas: *Menschenfischer werden* (Christliche Verlagsgesellschaft, 2007).

Kapitel 12

Bitte bedenken Sie: Die hier von uns aufgezeigten praktischen Schritte sind nur *ein* mögliches Szenario, wie man den Anfang wagen kann. Je nachdem, wie Ihr Dienst und Ihre Situation aussehen, wird das zu ganz eigenen Varianten und Herausforderungen führen.

Wenn Sie beginnen, diese Konzepte Ihrer Gemeinde vorzustellen, achten Sie sorgfältig darauf, weiterhin klar das Evangelium zu lehren: Jesus vergibt unsere Sünden ohne Gegenleistung und der Glaube an ihn führt zu einem Leben des freudigen Gehorsams. Hören Sie nicht auf, Tod und Auferstehung Christi in höchsten Ehren zu halten, und beten Sie unablässig für die Ihnen anvertrauten Menschen. Die Motivation zum Dienst und zum Training ergibt sich aus dem Evangelium, das der Heilige Geist tief in unser Herz einprägt und es dadurch verwandelt. Diese Motivation wird sich nicht daraus ergeben, dass Sie unablässig über Training sprechen und die Leute damit nerven, bis sie sich schließlich bloß aufgrund Ihrer Penetranz als Teilnehmer anmelden! Es geht um Gnade, nicht um Pflichterfüllung. Erheben Sie »Training« nicht zum neuesten Prüfstein wahrer Jüngerschaft.

Allerdings gibt es in den meisten Gemeinden schier endlose – und endlos spannende – Gelegenheiten für Training und Wachstum. Und Sie müssen für sich selbst überlegen, welche wahrscheinlich radikalen Veränderungen geschehen müssen. Um Ihnen dabei auf die Sprünge zu helfen, unternehmen wir nun ein kleines Gedankenexperiment.

Stellen Sie sich vor ...

Während wir dieses Buch schreiben, machen die ersten besorgniserregenden Anzeichen einer Schweinegrippe-Pandemie in aller Welt Schlagzeilen. Stellen Sie sich vor, die Pandemie würde in Ihrem Teil der Welt grassieren und die Regierung würde aus Gründen des Gesundheitsschutzes und der öffentlichen Sicherheit alle öffentlichen Versammlungen von mehr als drei Personen verbieten. Und nehmen wir an, dass dieses Verbot aufgrund irgendeiner katastrophalen Kombination lokaler Umstände 18 Monate lang in Kraft bliebe.

Wie würde Ihre Gemeinde von 120 Mitgliedern dann weiter funktionieren – ohne regelmäßige Gemeindeversammlungen jeder Art und ohne Hauskreise (ausgenommen Gruppen bis drei Personen)?

Was würden Sie als Gemeindehirte tun?

Ich schätze, Sie könnten Ihren Gemeindemitgliedern Briefe und E-Mails schicken, Sie könnten Sie anrufen und vielleicht sogar einen Podcast bereitstellen. Wie aber würde die regelmäßige Arbeit des Lehrens, Predigens und der Seelsorge stattfinden? Wie könnte man die Gemeinde weiter anspornen, in Liebe und in guten Werken auszuharren, besonders unter solch widrigen Umständen? Und was wäre mit dem Evangelisieren? Wie könnte man neue Kontakte knüpfen, das Evangelium weitergeben und Neubekehrte im Glauben festigen? Es gäbe kein Männerfrühstück, keinen Morgenkaffee, keine evangelistischen Kurse oder Evangelisationen. Nichts.

Sie könnten natürlich zu der althergebrachten Praxis der Hausbesuche bei Ihren Gemeindegliedern zurückkehren und in der Umgebung Klinkenputzen gehen, um neue Kontakte zu knüpfen. Wie aber sollten Sie als Gemeindehirte jeden der 120 Erwachsenen in Ihrer Gemeinde besuchen und belehren, geschweige denn deren Kinder? Geschweige denn, in der Wohngegend alle Türen abzuklappern? Geschweige denn, allen Kontakten nachzugehen, die dabei entstanden sind?

Nein; in einer solchen Situation bräuchten Sie Hilfe. Sie müssten mit zehn Ihrer geistlich reifsten Männer anfangen und sich während der ersten beiden Monate mit jeweils zwei von ihnen zu einem intensiven Gespräch treffen (dabei blieben Sie mit allen anderen per Telefon und E-Mail in Kontakt). Sie würden diese zehn Männer darin trainieren, wie man die Bibel studiert und wie sie sich mit einem oder zwei weiteren Gläubigen treffen können, um dasselbe zu tun und sie auch zu Familienandachten anzuleiten. Diese Männer hätten dann eine doppelte Aufgabe: ihrer Frau und Familie als »Pastor« zu dienen, indem sie gemeinsam regelmäßig die Bibel lesen und beten, sowie sich mit vier weiteren Männern zu treffen, um sie zu schulen und zu ermutigen, dasselbe zu tun. Wenn 80 % Ihrer Gemeindeglieder verheiratet sind, würden die meisten verheirateten Erwachsenen durch diese ersten zehn Männer und durch die, die sie nachfolgend trainieren, regelmäßig auf biblischer Grundlage ermutigt.

Währenddessen (und während Ihrer zusätzlichen Telefon- und E-Mail-Seelsorge), könnten Sie die nächste Gruppe aussuchen, die Sie persönlich unterweisen – also Leute, die sich mit Singles treffen könnten, oder die fähig sind, von Haus zu Haus zu evangelisieren, oder Leute, die gut darin sind, neuen Kontakten nachzugehen.

Das wären eine Menge persönlicher Kontakte und eine Menge entsprechender persönlicher Treffen. Aber bedenken Sie: Es würden keine Gottesdienste abgehalten, keine Komitees tagen, keine Gemeinderatssitzung, kein Seminar würde stattfinden, ebenso keine Hauskreise, keine Mitarbeiterbesprechungen – ja, in der Tat überhaupt keine Gruppenaktivitäten oder Veranstaltungen welcher Art auch immer, die organisiert, durchgeführt, wofür die Werbetrommel gerührt oder die besucht werden müssten. Einfach nur persönliches Lehren und Jüngermachen und Ihre Gemeindeglieder trainieren, selbst Jüngermacher zu werden.

Da stellt sich die interessante Frage: Wenn das Versammlungsverbot nach 18 Monaten wieder aufgehoben würde und die Sonntagsgottesdienste und alle weiteren Versammlungen und Aktivitäten des Gemeindelebens wieder aufgenommen werden können, was würden Sie dann anders machen?

Um Ihnen zu helfen, die Gedanken in *Das Spalier und der Weinstock* anderen Mitgliedern Ihrer Gemeinde vorzustellen, haben wir einen Gesprächsleitfaden verfasst. Sie können hier herunterladen:

www.betanien.de/weinstock-leitfaden

A1

Anhang 1: Antworten auf häufig gestellte Fragen

Im Laufe der letzten Jahre konnten wir vielen diese Ideen vermitteln. Dabei kommen immer wieder zahlreiche Fragen auf, von denen wir die häufigsten hier beantworten wollen.

Frage 1: Sie sagen, jeder Christ sei zum »Weinstockarbeiter« und zum »jüngermachenden Jünger« berufen. Ich kann weder besonders gut lehren noch reden und denke nicht, dass ich mich in der Bibel gut auskenne. Wie kann ich der Berufung gerecht werden, von der Sie sprechen?

Vielleicht können wir diese Frage am besten beantworten, wenn ich erzähle, was ich kürzlich bei einem Gespräch mit zwei Glaubensbrüdern erlebte – beides Geschäftsmänner, der eine verkauft Immobilien, der andere Software.

Ich fing an, meinen Freunden zu erzählen, dass es mir manchmal schwerfällt, unbekümmert über Glaubensdinge zu sprechen, besonders mit Nichtchristen. Ich bin nämlich nicht die Sorte Mensch, die zum Verkäufer geboren ist – ganz im Gegensatz zu ihnen. Aber einer der beiden unterbrach mich sofort.

»Nein, du hast wirklich keine Ahnung vom Verkaufen«, sagte er. »Es geht dabei nicht darum, eine bestimmte Sorte Mensch zu sein oder eine besondere Gabe zu haben. Für mich haben all diese Typen gearbeitet, die meinen, sie wären großartige Geschäftsleute, weil sie schnell reden können und so ambitioniert sind, dass sie es sogar schaffen würden, Eskimos Kühlschränke anzudrehen. Tatsächlich aber sind sie nicht die besten Verkäufer. Die junge Frau, die mir den meisten Gewinn einbringt, ist viel entspannter, aber sie ist einfach aufrichtig. Sie zeigt den Kunden gegenüber echtes und ernsthaftes Interesse. Sie geht auf sie ein, hört ihnen zu und versteht sie, und dann arbeitet sie wirklich hart daran, dass die Leute das bekommen, was sie wünschen. Sie bringt den meisten Gewinn ein; aber wenn du sie fragen würdest, dann würde sie nie behaupten, eine geborene Verkäuferin zu sein.

Es geht vielmehr darum, ob du das Produkt magst und gut kennst und ob du wirklich auf die Leute eingehst und willst, dass sie zufrieden sind. Wenn du wirklich von dem Produkt überzeugt bist, dann wirst du es auch verkaufen.«

An dieser Stelle schaltete sich auch mein anderer Freund und Geschäftsmann ein.

»Ja, das stimmt. Du kannst jemanden beschäftigen, der die technischen Details des Produkts perfekt kennt, aber keine Leidenschaft dafür hat und kein Einfühlungsvermögen – der unfähig ist, mit Menschen zu reden und ihnen zuzuhören. Beim Verkaufen geht es vor allem darum, dass man zuhören kann.«

Die Lektion daraus lautet: Wir haben zwar alle verschiedene Gaben und Fähigkeiten, aber der wichtigste Faktor ist, wie sehr wir Gottes Botschaft lieben und wie sehr wir die Menschen um uns herum lieben, die diese Botschaft hören müssen. Sie sind vielleicht nicht der Typ, der zu Massen predigen oder Bibelstunden leiten kann; aber wenn Sie wirklich den Herzenswunsch haben zu sehen, wie andere Jünger Jesu werden, dann werden Sie Mittel und Wege finden, diese Aufgabe mit den Gaben zu erfüllen, die Gott Ihnen gegeben hat – wie z. B. Dave, der junge Mann mit Schizophrenie, von dem wir in Kapitel 2 berichteten.

Antworten auf häufig gestellte Fragen

Frage 2: Ich bin Pastor und Ihre Argumentation überzeugt mich. Die Schulung von Mitarbeitern wird auf lange Sicht nicht nur die geistliche Arbeit fördern, sondern mir auch helfen, meine Zeit besser zu nutzen. Aber derzeit habe ich kaum Zeit, alle Pflichten zu erledigen! Wie kann ich anfangen?

Dazu muss man zuerst sagen: »Training« erfordert tatsächlich ein Umdenken und nicht nur, eine neue Reihe von Zuständigkeitsbereichen oder Aufgaben zu schaffen. Training geschieht vor allem auf Beziehungsebene und »on the job« – im Zuge der Arbeit. Training ist nicht nur ein zusätzliches Programm in Ihrem Terminkalender, sondern sollte alle Aspekte Ihres Dienstes durchdringen.

Wenn Sie also einen neuen Gemeindebesucher oder ein neues Mitglied Ihrer Gemeinde besuchen gehen, nehmen Sie jemanden als Begleitung mit. Wenn Sie Ihre Predigten vorbereiten, verbringen Sie einen Teil der Vorbereitungszeit damit, mit einem Mitarbeiter über den Inhalt zu sprechen (das wird Ihnen und ihm helfen!). Beziehen Sie andere so oft wie möglich in Ihre Tätigkeit ein und trainieren Sie sie dadurch. Zeigen Sie ihnen, wie Sie arbeiten, wie Sie denken und reagieren, und wie Sie die Bibel ganz praktisch auf die vorliegende Aufgabe anwenden.

Zweitens: Prüfen Sie ehrlich und gründlich, wie Sie Ihre Zeit verbringen. Welche Aktivitäten, Programme und Prioritäten halten Sie davon ab, etwas Zeit speziell dem Training zu widmen? Gibt es gute Gründe dafür, dass diese anderen Dinge eine höhere Priorität haben als Training? Oder beruhen diese Gründe auf einer falschen Motivation – zum Beispiel auf dem Wunsch, den Erwartungen der Gemeindeglieder gerecht zu werden; auf der Sorge, nicht gut zu predigen (was zu endloser Vorbereitung führt); auf Furcht, Termine zu verpassen; auf persönlicher Unsicherheit usw.?

Drittens: Betrachten Sie es auf lange Sicht. Angesichts Ihrer hohen Arbeitsbelastung scheint es Ihnen vielleicht so, dass Sie jetzt keine Zeit für Training haben; wenn Sie aber kein Training durchführen, klemmen Sie dadurch nur noch umso mehr in dieser Falle der Arbeitsüberlastung fest. Sie haben den Eindruck, dass Sie viel zu tun und deshalb keine Zeit für Training haben – und darum trainieren Sie niemanden. Aber das bedeutet, dass Sie keine Helfer und Mitarbeiter heranbilden, die Ihnen im Dienst zur Seite stehen könnten. Und so fahren Sie fort, die Arbeitsbelastung und den Stress alleine zu tragen, was Sie im Laufe der Zeit aufreiben wird. Sie enden darin, einem kurzfristig ausgerichteten, rein reaktiven Planungs- und Lebensstil zum Opfer zu fallen.

Viertens: Lernen Sie »Nein« zu sagen, auch wenn Sie sich dadurch unbeliebt machen. »Ja« zu mehr Training zu sagen, bedeutet meist unweigerlich, zu etwas anderem »Nein« zu sagen. Und die ganz natürliche Folge davon ist, dass einige Leute Sie ablehnen und Sie nicht mögen – seien es Ihre eigenen Gemeindeglieder oder Funktionäre Ihres Gemeindeverbandes oder beides. Vielleicht treten sogar manche aus Ihrer Gemeinde aus. Das ist hart, aber unvermeidlich. Nicht jeder teilt die Prioritäten, die das Evangelium setzt. Allerdings ist es hier mit Sicherheit nützlich, wenn Sie eine Reihe von Prioritäten aufstellen und öffentlich machen und wenn Sie hart daran arbeiten, Ihre Ältesten oder Ihren Gemeinderat miteinzubeziehen (siehe dazu Schritt 2 von »Den Anfang wagen« in Kapitel 12).

Eigentlich erübrigt es sich, darauf hinzuweisen: Ablehnung und sogar das Weggehen mancher Leute ist nichts, was allein als Selbstzweck vermieden werden sollte! Wenn so etwas passiert, müssen wir immer prüfen, ob unsere Motivation, unser Verhalten, unser Auftreten und unsere Prioritäten in Ordnung sind. Manchmal aber müssen wir so etwas einfach zulassen, damit die wirklichen Prioritäten aufblühen können. Wenn Sie die richtigen Prioritäten setzen – wenn Sie zu manchen Leuten und zu manchen Dingen »Nein« sagen –, dann werden manche Sie nicht mögen.

Frage 3: In meiner Gemeinde sind bereits Leiter eingesetzt. Sollte ich trotzdem noch erwägen, auf das Modell des »Pastors als Trainer« umzusteigen?

Eine ganze Reihe Pastoren, mit denen ich mich unterhalte, gehen davon aus, dass bei ihnen Training stattfindet, weil sie bestimmte Programme oder Kleingruppen anbieten. Natürlich kann das in einem gewissen Maß durchaus zutreffen. Allerdings lohnt es sich durchaus, wenn Sie Ihre derzeitige Praxis durch einige diagnostische Fragen wie diese überprüfen:

- Pflegt Ihre Gemeinde das persönliche Jüngerschaftstraining von Mann zu Mann, eins zu eins?
- Wissen die Bibelstudiengruppenleiter in Ihrer Gemeinde, was es bedeutet, für die Leute in ihrer jeweiligen Gruppe Hirten und Leiter zu sein?
- Sind Ihre Leitungsmitarbeiter selbst »trainingsorientiert«, d. h. versuchen sie selbst, weitere Leiter heranzubilden und zu trainieren?
- Weiß jeder in Ihrer Gemeinde, wie er die Botschaft des christlichen Glaubens leicht verständlich weitergeben kann?
- Wissen alle Ihre Gemeindeglieder, wie man jemanden mit und durch Gottes Wort ermutigt?
- Verstehen alle Ihre Gemeindeglieder, was es bedeutet, Jesus zu dienen und im Alltag aus ihrem christlichen Glauben zu leben?
- Gibt es in Ihrer Gemeinde einige Gläubige, die eine Bibelstudiengruppe leiten und erklären können, was der Text bedeutet und aussagt?
- Gibt es einen harten Kern von Leuten, die die Prioritäten der Gemeinde verstehen und die andere effektiv darin trainieren können?
- Suchen, rekrutieren und trainieren Sie solche Christen, die offenbar die Gabe zum Evangelisieren haben, und senden Sie diese zum Evangelisieren in Ihre Umgebung aus?

Anhang 1

- Wird die nächste Generation von Arbeitern am Evangelium ausgebildet? Sehen Sie, dass neue »geistliche Talente« zum Vorschein kommen?

Frage 4: Wie kann ich eine begeisternde Vision für Training zum Dienst vermitteln?

Es ist wichtig, dass Sie den Leuten eine kurze Zusammenfassung davon vermitteln, was Sie – als Gemeinde oder als Leiter – angehen wollen. Wie wir schon immer wieder in diesem Buch gesagt haben, wollen wir, dass alle Gemeindeglieder jüngermachende Jünger Christi sind. Sie müssen das mit Ihren eigenen Worten ausdrücken und mit Begriffen, die in Ihrer jeweiligen Situation bei den Leuten ankommen; aber es ist die Mühe wert, zusammen mit Ihren wichtigsten Mitarbeitern eine Erklärung zu Ihren Zielen zu formulieren. Zum Beispiel könnten Sie, nachdem Sie mit Ihren Ältesten oder dem Gemeinderat etwa ein Jahr lang eng zusammengearbeitet haben, sich selbst das gemeinsame Ziel setzen, die Vision bzw. Mission der Gemeinde neu zu formulieren (ein »Misson-Statement«) und damit eine Schwerpunktverlagerung zu signalisieren.

Beispielsweise hat Matthias Media sein Mission-Statement kürzlich neu formuliert:

Wir wollen alle Christen von der Wahrheit des in der Bibel offenbarten Ratschlusses Gottes in Jesus Christus überzeugen. Dazu wollen wir Christen mit hochwertigen Mitteln und Materialien ausrüsten, damit sie durch das Wirken des Heiligen Geistes

- ihr bisheriges Leben aufgeben und fortan zur Ehre Christi leben, um ihm in täglicher Heiligung und in allen Entscheidungen zu dienen;
- unablässig im Namen Christi dafür beten, dass sein Evangelium sich ausbreiten und wachsen möge;

- das lebensverändernde Wort der Bibel wann und wie immer möglich weitergeben – zu Hause, in der »Welt« und in der Gemeinschaft der Gläubigen.

Könnten Sie dieses Leitbild so übernehmen oder welche Anpassungen würden Sie vornehmen, um die Ziele Ihrer Gemeindearbeit auszudrücken?

Frage 5: Warum fehlt in der Gemeinde die Entschlossenheit zum Training?

Mangelnde Entschlossenheit seitens der Gemeindeglieder ist vermutlich der häufigste Grund, den Pastoren und Gemeindeleiter nennen, warum es ihrer Gemeinde an Training fehlt.

Dagegen gibt es kein einfaches Allheilmittel. Es ist im Grunde eine geistliche Erkrankung; aber zahllose kulturelle, theologische und historische Faktoren tragen dazu bei, dass sie weit verbreitet und ansteckend ist:

- *Professionalisierung des geistlichen Dienstes:* In vielen Gemeinden denkt der Durchschnittschrist, Gemeindemitarbeit sei ein Vollzeitjob, und da es nicht *ihr* Job und Beruf ist, sei es auch nicht ihre Aufgabe als Christ. Pastoren mögen das beklagen, aber sie sollten in dieser Frage auch einen strengen, selbstkritischen Blick in den Spiegel werfen. In vielen Gemeinden wird der geistliche Dienst vollständig von den Pastoren bzw. Ältesten kontrolliert und dreht sich ganz um sie – und das zum Teil deshalb, weil sie es genau so lieben. Sie haben die Macht. Alles läuft geordnet und vorhersehbar. Die Gemeinde zum Dienst zu mobilisieren und loszuschicken ist eine aufregende Sache, aber es wird auch zwangsläufig zu mehr Unordnung und Chaos führen.
- *Eine klerikale Sicht des geistlichen Dienstes:* Manche Konfessionen betonen diesen Punkt mehr als andere, aber alle sind mehr oder weniger davon geprägt. Man sieht die Ordination

Anhang 1

als besondere Salbung einer besonderen Person zu einem besonderen Werk an; daher neigen die »Laien« dazu, die ordinierten Mitarbeiter einfach den Dienst weitermachen zu lassen.
- *Nischendienste:* In seinem Buch *Der Weg zur authentischen Gemeinde* kritisiert Mark Dever spezialisierte Dienstposten, weil sie die Gemeinde berauben – sie nehmen ihr das Recht, diese Dienste und Aufgaben selber zu bekleiden.[1] Wenn es z. B. einen Jugendpastor gibt, dann liegt das Recht zur Jugendarbeit nicht mehr bei den Eltern der Jugendlichen (wie es eigentlich sein sollte), sondern beim Jugendpastor. Die Struktur ist ein Hindernis für die Gemeindeglieder, sich selbst einzubringen.
- *Geistliche Unreife:* Anderen dienen und darin wachsen zu wollen ist ein Zeichen geistlicher Reife. Je ähnlicher wir Jesus werden, desto mehr werden wir unser Leben dafür hingeben wollen, anderen in Liebe zu dienen. Wenn manche Ihrer Gemeindeglieder nicht dienen *wollen*, muss man sich fragen, ob sie denn richtig belehrt und zu Jüngern gemacht worden sind. Wie wirksam und klar wurde ihnen das Evangelium verkündigt? Wissen Ihre Gemeindeglieder, dass es untrennbar zum Christsein gehört, sein Leben für andere aufzuopfern? Es kann an der Zeit sein, auf die Grundlagen zurückzukommen und die Leute zur Selbstprüfung aufzufordern, wie sehr sie sich Jesus als ihrem Herrn verpflichtet wissen. Es kann an der Zeit sein zu beten, dass Gott durch seinen Geist eine tiefgreifende Veränderung am Herzen der Leute bewirken möge, so dass sie aufopferungsvoll und hingegeben leben wollen.
- *Zeit in die falschen Leute investieren:* Wenn wir uns am Jüngerschaftstraining versuchen, neigen wir dazu, alle daran

---

[1] Mark Dever & Paul Alexander, *The Deliberate Church* (Crossway Books, 2005), S. 161-170. Deutsche Ausgabe: *Der Weg zur authentischen Gemeinde* (Waldems: 3L, 2011).

teilhaben lassen zu wollen. Außerdem neigen wir dazu, einen Großteil unserer Zeit mit den besonders Hilfebedürftigen zu verbringen – wie etwa neuen Gemeindemitgliedern, Kranken und Notleidenden. Diese Leute sind alle wichtig, aber sie sind nicht die Idealfälle für den Personenkreis, in den wir anfangs unsere Zeit investieren sollten. Suchen Sie stattdessen einige Leute (oder auch nur eine einzige Person) aus, die ein Herz für Wachstum haben und fangen Sie damit an.

- *Die richtigen Leute am falschen Platz:* Sind die richtigen Leute, die Sie gerne trainieren und mit denen Sie gern zusammenarbeiten würden, bereits völlig mit der Arbeit in Komitees und mit anderen »Spalierarbeiten« ausgelastet? Sie werden sie dann aus diesen Strukturen herauslösen (oder die Strukturen auflösen!) müssen, damit sie die Zeit und Kraft haben, sich dem Training zu widmen.
- *Geistesgaben:* Menschen neigen dazu, nur das zu tun, wozu sie ihrer Meinung nach begabt sind. »Gabentests« waren in den 1990er Jahren in den Gemeinden der letzte Schrei. Aber dass alle einen solchen Selbsttest absolviert haben, hat das 80/20-Problem (80 % der Arbeit wird von 20 % der Leute erledigt) keineswegs gelöst. Warum nicht? Weil das Problem in erster Linie nicht darin besteht, dass die Leute nicht wüssten, was ihre Geistesgaben sind, sondern in ihrer Motivation und in ihrem Verständnis des geistlichen Dienstes.

Eine weitere Möglichkeit, um zum Training zu motivieren, ist mit »scharfer Munition« zu arbeiten. D. h. statt einfach nur zu sagen: »Wer würde gerne an einem Training für Kinderevangelisation teilnehmen?«, stellen Sie gleich einen Plan für einen neuen Kinderclub oder eine Arbeit in den Schulen an Ihrem Ort vor. Und wenn die Leute von den Möglichkeiten fasziniert sind, die dieser neue Dienst bietet, sich dort einbringen wollen und damit auch anfangen, dann werden sie nach Training lechzen. Wenn die neuen Mitarbeiter jede Woche vor einem Haufen Dreizehnjähriger stehen, dann werden sie sehr erpicht darauf sein, dass

Anhang 1

man ihnen hilft, sie schult, zurüstet und begleitet – auf welche Weise auch immer!

Führung heißt letztlich nicht zu etwas zwingen, sondern mit Weitblick vorangehen.

Frage 6: Beim Abschnitt »Den Anfang wagen« komme ich nicht über Schritt 3 hinaus. D. h. ich habe nur wenige, mit denen ich ein Mitarbeitertraining anfangen könnte; wie aber kann ich sie überzeugen, dass es wichtig ist, daran teilzunehmen? Wie kann ich bei ihnen den Wunsch entfachen, sich trainieren zu lassen und dem Nächsten zu dienen?

Wie kann eine solche persönliche Veränderung stattfinden, so dass den Leuten das Herz dafür entflammt, Christus und dem Nächsten dienen zu wollen? Wie können Menschen so verwandelt werden, dass sie von einem weltlich gesinnten, egozentrischen Lebenswandel (sogar als Christen!) zu einem himmlisch gesinnten, auf den Nächsten ausgerichteten Wandel des Dienens finden? Es kann nur dadurch geschehen, dass Gott an ihnen ein Wunder wirkt; und das tut er, indem er durch sein Wort und seinen Geist das Herz der Menschen verwandelt. Wie können wir an diesem Werk Gottes teilhaben?

- Wir beten ernstlich und oft für unsere Gemeindeglieder, dass Gott ihr Herz erweichen möge.
- Wir lehren sie Gottes Wort und wenden es praktisch auf sie an – durch Predigt, Kleingruppen und persönliche Gespräche. Eine Möglichkeit dazu ist, das Material aus den ersten Kapiteln dieses Buches zu nehmen – besonders Kapitel 1-6 – und diesen Stoff mit einigen Leuten durchzugehen. Übernehmen Sie einfach diese Ideen als Vorlagen und machen Sie daraus Bibelstudien oder Predigten (das ist für uns okay!). Oder Sie arbeiten das Buch Kapitel für Kapitel durch und diskutieren darüber und studieren die Bibel zu diesem Thema.

- Wir bringen Menschen auf den Geschmack dafür, dem Nächsten zu dienen, indem wir sie einfach zu verschiedenen Aufgaben unseres Dienstes mitnehmen. Nehmen Sie jemanden mit, wenn Sie Hausbesuche oder Haustür-Evangelisation machen, oder lassen Sie ihn dabeisitzen, wenn Sie mit einem Neubekehrten zusammen die Bibel lesen.
- Wir harren geduldig aus. All das braucht oft Zeit – je nach tatsächlicher Reife und geistlicher Einstellung unserer Gemeindeglieder.

Frage 7: Warum ist neben gewissenhafter Predigt und Seelsorge auch noch »Training« nötig?

Wir wissen instinktiv (und das völlig zu Recht): Wenn wir unter Gebet treu Gottes Wort verkündigen, verändert Gott das Herz von Menschen. Sie werden sich dann dem Jüngermachen und dem Dienst am Nächsten widmen wollen. Warum also sollte man dann noch separat das tun, was wir »Training« nennen?

Die Antwort lautet, dass »Training« – wie wir es definiert haben – im Grunde nichts Separates ist, sondern schlicht das, wie sich Verkündigung unter Gebet auf Einzelne auswirkt. Beim Training geht es *nicht* bloß darum, gewisse Fertigkeiten zu vermitteln. Training ist ein Dienst des Wortes, der zu Wachstum in Kenntnis, Charakter und Kompetenz führt. Die wahre Kraft des Trainings liegt nicht in dessen Methodik oder Strategie, sondern darin, wie Gottes geisterfülltes Wort sich auf den Lebenswandel der Leute auswirkt.

Anders ausgedrückt: »Training« ist vorsorgender Hirtendienst, bevor Krisen kommen. Es geht dabei darum, was Sie mit einem Gläubigen aus Ihrer Gemeinde konstruktiv für seine Reife und sein Wachstum tun, wenn er derzeit gerade einmal nicht besondere Hilfe wegen Kummer, Krankheit oder Familienproblemen braucht.

Das Umdenken in Richtung »Training« verleiht auch einem weiteren Punkt eine neue Dimension: Wie gut die Leute Ihrer

Lehre zuhören und daraus lernen. Wenn es zur konstanten Kultur Ihrer Gemeinde gehört, dass jeder Christ nicht nur Zuhörer, sondern auch Redender ist, dann verändert das die Art und Weise des Zuhörens. Nichts motiviert besser, das Evangelium tiefer zu verstehen, als wenn man es anderen erklären soll.

Frage 8: Ist denn die Gemeinschaft der Gläubigen unwichtig? Ist nicht all dieses »Trainingsgerede« ganz individualistisch?

Wenn das Ziel lautet, Jünger Jesu darin zu trainieren, selber Jünger zu machen, dann lautet das Ziel, Menschen zu trainieren, die einander lieben, wie es unser Herr Jesus Christus geboten hat. Wir haben die Erfahrung gemacht, dass Gemeinden mit einer ausgeprägten »Trainingskultur« (wie wir sie bereits definiert haben) letztendlich eine tiefverwurzelte, echte und liebevolle Gemeinschaft Christi bilden. Die Gläubigen in diesen Gemeinschaften betrachten sich nicht mehr als Konsumenten oder Zuschauer, sondern als Diener, deren Wunsch es ist, dass andere geistlich wachsen.

Training kann durchaus in einem kleinen Rahmen beginnen. Vielleicht konzentriert es sich auf Einzelne und auf das, was jeder zum geistlichen Wachstum braucht; das Ergebnis aber ist überströmende Liebe.

Gewöhnlich kommt es auch dazu, dass sich die Gemeindeglieder eine neue Sicht von Dienst und Training aneignen und beginnen, zu evangelisieren und neue Dienste rund um ihre jeweiligen Gaben und Lebensumstände zu entwickeln. Neue kleine Gemeinschaften von Kindern Gottes entwickeln sich – sei es als Gruppen innerhalb einer Gemeinde oder als Gemeindeneugründungen.

Frage 9: Wie passen Kleingruppen in Ihr Trainingskonzept?

An vielen Orten ist heute ein Netz von Kleingruppen eines der wichtigsten »Spaliere« des Gemeindelebens. Kleingruppen bilden eine Struktur, die es Christen ermöglicht, zusammenzukommen, um einander anhand der Bibel zu ermutigen und um füreinander zu beten.

Allerdings sind manche Gemeindeleiter skeptisch, welchen Wert Kleingruppen haben – und das mit Recht! Wenn Kleingruppen nämlich nicht gut geleitet und durchgeführt werden, können sie schnell zu ineffektiven, ja sogar gefährlichen Strukturen werden: Wo keine echte Hirtenaufsicht geschieht, kommen Menschen zusammen, um sich über ihre Unwissenheit auszutauschen und damit zu glänzen.

Den Hirtendienst und die geistliche Verantwortung *ohne entsprechendes Training* an eine Kleingruppenstruktur zu delegieren, heißt, seiner Verantwortung als Gemeindehirte und Verwalter nicht gerecht zu werden. Kleingruppen können ein sehr effektives Werkzeug für den geistlichen Dienst sein – aber nur, wenn wir die Leiter darin trainieren, an der gesunden Lehre festzuhalten und einen gottgefälligen Charakter zu entwickeln und ihnen zeigen, wie sie die Bibel auslegen und im Rahmen einer Gruppendiskussion vermitteln können.

Weil viele Gemeinden ihre Mitglieder nicht angemessen trainieren und daher nicht die Art von Weinstockarbeitern heranbilden, die Kleingruppen effizient leiten können, neigt man dazu, Leitungs- und Lehraufgaben auf den oder die ordinierten Pastor(en) und vielleicht einige Älteste oder andere führende Mitarbeiter zu konzentrieren. Das mag das Evangelium schützen, aber es multipliziert nicht den Dienst.

Kleingruppen können eine sehr nützliche Struktur sein, *in deren Rahmen* Gläubige trainiert werden können. Wenn der Gruppenleiter sich nicht als Moderator oder Vorsitzender versteht, sondern als *Trainer*, dann ändert das die Ziele und die Dynamik der Gruppe grundlegend. Das Ziel des Gruppenleiters wird dasselbe, was auch das Ziel allen Dienstes ist: nicht nur Jünger zu machen, sondern jüngermachende Jünger.

Frage 10: Wie verträgt sich Ihr Ansatz für Dienst und Wachstum mit Gemeindegründung? Ist die Gründung neuer Gemeinden nicht eine entscheidende Strategie für das Wachstum des Wortes?

In vielerlei Hinsicht hilft uns das Bild vom »Spalier und Weinstock« zu verstehen und zu erklären, was an Gemeindegründung so nützlich und wichtig ist. Es warnt uns aber auch vor einigen Gefahren.

Bildlich gesprochen: Nehmen wir an, in einer Ecke unseres Gartens steht ein Spalier, an dem ein Weinstock blüht und gedeiht. Wir möchten, dass das auch in der gegenüberliegenden Ecke unseres Gartens so geschieht. Dazu könnten wir zwei verschiedene Ansätze verfolgen. Einmal können wir den Weinstock gießen, beschneiden und bearbeiten und zugleich das Spalier pflegen und erweitern, so dass der Weinstock schließlich den gesamten Gartenzaun entlang bis zur gegenüberliegenden Seite des Gartens wächst. Ein Mega-Weinstock sozusagen. Oder wir können an der gegenüberliegenden Seite des Gartens ein neues Spalier aufbauen und dort mit einem Ableger des bestehenden Weinstocks einen neuen pflanzen.

Beide Ansätze sind durchaus legitim, und welchen davon man wählt, hängt von zahlreichen Faktoren ab (nicht zuletzt vom Geschick der Gemeindeleitung, eine große Gemeinde heranzuziehen und zusammenzuhalten). Allerdings haben viele Gemeinden die Erfahrung gemacht, dass die Gründung neuer Gemeinden unter neuen Bedingungen, an neuen Orten und zu anderer Zeit oder mit neuen Schwerpunkten und Stilen wirklich dem Wachstum des Weinstocks gedient hat. Die Mitgliederzahl eines »Weinstocks« von 30 oder 40 auf 120 zu steigern ist oft leichter – besonders, weil es in diesen Größenordnungen noch nicht so viele Probleme mit dem Spalier gibt –, als sie von 120 auf 200 zu steigern.

Aber der Haken ist: Irgendwo ein neues Spalier mit einem Weinstock hinzusetzen, wird nicht zu Wachstum führen, wenn der Weinstock, den man nimmt, nicht gesund ist. Nur das Verpflanzen an sich wird kein Wachstum des Wortes des Evangeliums bewirken – d. h. kein Evangelisieren, keine Bekehrungen und kein Wachstum von Jüngern Jesu Christi, die andere zu Jüngern machen. Wenn aber ein solches Wachstum des Evangeliums *in der bestehenden Gemeinde* geschieht und Sie einige von diesen Leuten woandershin verpflanzen, dann stehen die Chancen gut, dass sie dort ebenso mit neuer Begeisterung wachsen und sich multiplizieren werden.

Mit anderen Worten: Manche sind von Gemeindegründung derart begeistert, dass sie dadurch gelegentlich zu der Annahme verführt werden: Wenn sie nur irgendwo ein neues Spalier aufbauen, wird allein deshalb daran ein neuer, gesunder, wuchernder Weinstock wachsen. Doch entscheidend an einer Gemeindegründung ist weder die Qualität des Spaliers noch sein Standort, sondern die Qualität der Leute – der Winzer –, die das neue Werk anfangen. Es läuft wieder einmal darauf hinaus, wie gut wir unsere Gemeindeglieder darin trainieren, Jüngermacher zu sein.

Viele verstehen unter Gemeindegründung, dass man ein Spalier mit den gewohnten äußerlichen Eigenschaften aufbaut: ein Gebäude, ein offiziell eingesetzter Pastor, eine Satzung usw. Doch wenn wir verstehen, dass das Entscheidende die Arbeit am Weinstock ist, dann können wir flexibel darin sein, welche Art von Spalier nötig ist, um einen neuen Weinstock an diesem neuen Ort zu pflanzen. Zum Beispiel kann man auch mit einer Gruppe Christen anfangen, die sich ohne ordinierten Pastor in einem Wohnzimmer trifft.

Welchen Ansatz wir auch wählen, ist es jedenfalls entscheidend, Weinstockarbeiter heranzubilden. Wir müssen Teams von Jüngern aufbauen, die sich in einem vom Heiligen Geist geprägten Dienst am Wort engagieren. Dabei müssen wir diesen Dienst nicht um Strukturen herum aufbauen, sondern um Menschen.

Frage 11: Richtet sich Ihr Dienstansatz gegen große Gemeinden? Wollen Sie damit sagen, die »ideale« Gemeinde sei eine von 120 Mitgliedern mit einem Pastor, der als Trainer fungiert?

Ganz und gar nicht. Die Grundsätze der Gemeindearbeit, die wir skizzieren, sind (so behaupten wir) dieselben, die die Bibel aufstellt, um Menschen aus allen Völkern zu Jüngern zu machen. Sie gelten für einen kleinen Bibelkreis von acht Leuten ebenso wie für eine Megachurch mit 2000 Mitgliedern. Das heißt: Das Ziel jedes gemeindlichen Dienstes ist es, dass Menschen zu gottgefälligen, reifen Jüngern Christi werden, die ihrem Herrn darin nachfolgen, dass es ihr Herzenswunsch ist, andere zu erreichen, ihnen zu dienen und sie ebenso zu Jüngern zu machen. Jünger in Kenntnis, Charakter und Kompetenz zu trainieren, muss der Kern jeder Gemeindearbeit sein, egal wie groß die Gemeinschaft und ihre Strukturen sind.

Wir kennen zum Beispiel einen Pastor, der sich gerade mit der Frage auseinandersetzt, wie seine Gemeinde von 500 auf 1000 Mitglieder anwachsen kann. Er steht vor Herausforderungen, die Organisation und Struktur betreffen (also »Spalier«-Herausforderungen); und jetzt sind Geschick bei der Führung und im Umgang mit Menschen noch weit bedeutender als früher, als er noch Pastor einer 80-Seelen-Gemeinde war. Er weiß, dass er einiges »am Geschäft an sich« und nicht nur »im laufenden Geschäftsbetrieb« tun muss. Allerdings weiß dieser Pastor auch, dass sein Ziel nicht ist, einfach nur weitere 500 Zuhörer in seine Gemeinde zu locken (das könnte er auf vielfache Weise leicht erreichen!), sondern 500 weitere Jünger Jesu heranzubilden. Er weiß auch, dass er diese neuen Jünger unmöglich selbst finden und sammeln kann. Das wird (so Gott will) nur dann geschehen, wenn er weiterhin seine Gemeindeglieder dahingehend trainiert, mit ihm in den vier Bereichen Evangelisation, Nacharbeit, Wachstum und Training zusammenzuarbeiten. Mit anderen Worten: Eine große Gemeinde aufzubauen verlangt nicht nur höchste Führungsqualitäten, sondern auch eine unerschütterlich entschlossene Hingabe dafür, eine Heerschar von Mitarbeitern zu trainieren. Es erfordert noch weit größere Hingabe, Menschen statt Programme im Mittelpunkt zu behalten.

Offen gesagt besitzt nicht jeder die Führungsqualitäten und die Persönlichkeit, um eine große Gemeinde aufzubauen und zu leiten. Doch unsere »Dienst-Philosophie« sollte uns dazu führen, die zu unterstützen, ermutigen und zu verteidigen, die eine solche Gabe besitzen. Die Gemeindearbeit muss rund um Menschen und deren Gaben herum aufgebaut werden. Wenn jemand die Gaben hat, eine wirklich große und bedeutende Reichsgottesarbeit aufzubauen, dann wollen wir ihm dabei für seinen Erfolg jede erdenkliche Unterstützung und Trainingsmöglichkeit geben.

Ein weiterer wichtiger Punkt dazu: Einer unserer Ausbilder am MTS entschloss sich, über 30 seiner besten Leiter zu trainieren und in den Evangelisationsdienst in alle Welt auszusenden – mit dem Ergebnis, dass er keine Megakirche aufgebaut hat. Diese 30 Führungskräfte dienen jetzt als Hirten, Gemeindegründer, Missionare und theologische Ausbilder. Hätte er all diese Mitarbeiter in seinem Team vor Ort behalten, wer weiß, wie groß seine Gemeinde heute sein könnte! Aber weil er sie absichtlich und großzügig abgab, hat das Evangelium an vielen Fronten Wachstumsfortschritte gemacht. Das ist eine strategische Entscheidung zwischen dem Wachstum der eigenen Gemeinde und dem Wachstum des Evangeliums über unsere örtliche Arbeit hinaus. Natürlich ist auch beides möglich, aber wir dürfen den Wachstumsfortschritt des Evangeliums nicht allein an der Größe unserer Gemeinden messen.

Anhang 1

Frage 12: Ich bin Pastor. Ein Großteil meiner Tätigkeit besteht darin, sich um Notleidende, Kranke und Bedürftige zu kümmern. Meinen Sie in Kapitel 8 und 9 wirklich, dass ich das überhaupt nicht mehr tun soll?

Natürlich meinen wir das nicht! Sicher muss man sich um die Kranken und Problemfälle in unseren Gemeinden kümmern. Was wir aber meinen, ist: Diese Notleidenden sind nicht die Einzigen, in die Sie Zeit und Arbeit investieren sollten. Wenn Sie sich wirklich um sie kümmern *und* echtes Wachstum des Wortes zustande kommen sehen wollen, dann ist es weise, die reifen, geistlich eingestellten Christen in ihrer Gemeinde zu bewegen, einen Teil dieser Fürsorgearbeit zu übernehmen.

Das kann den Pastor vor einige heikle Entscheidungen stellen. Dafür müssen wir Gott um Weisheit bitten. Und es wird weiterhin Krisen und Bedürfnisse geben, die schlicht die Aufmerksamkeit des Gemeindehirten erfordern. Doch Ihre Verantwortung als Hirte ist es, »die Schafe zu weiden« – und zwar alle. Wenn Sie all Ihre Zeit und Kraft für die kranken und notleidenden Schafe aufwenden, dann bekommen die Gesunden nicht nur keine Nahrung; es kann auch sein, dass sie letztlich woandershin abwandern!

Frage 13: Wenn wir Menschen ermutigen, einen eigenen geistlichen Dienst anzufangen und ihre Gaben und Gelegenheiten zu nutzen, wird das alles dann nicht etwas chaotisch und unsystematisch werden?

Ja. Und welches Problem haben Sie damit …?

Tatsache ist, dass wir oft »Kontrollfreaks« sind. Wir legen allzu viel Wert darauf, dass alles gepflegt und ordentlich ist – und dass wir es unter Kontrolle haben. Ein wenig Unordnung aber ist beim Dienst an Menschen unausweichlich.

Allerdings ist in einem Punkt Kontrolle nötig, nämlich dass die Lehre gesund und der Charakter gottgefällig ist. Ein gewisses

Maß an Chaos bei Leitung oder Organisation kann man in den Griff bekommen; aber das Chaos der Sünde oder Irrlehre verursacht echten Schaden. Deshalb ist es so wichtig, Menschen in Kenntnis, Charakter und Kompetenz zu trainieren, sodass ihre Aufgaben und Dienstbereiche gottgefällig und biblisch gesund sind.

A2

Interview mit Phillip Jensen über die Ausbildung bei MTS

Colin Marshall im Gespräch mit Philip Jensen, einem der Gründer von *Ministry Training Strategy* (MTS).

CM: Kann man MTS als Lehrsystem oder Kurrikulum (Lehrplan) bezeichnen?

PJ: Systeme haben bei mir nie funktioniert. Ich denke, Training für den geistlichen Dienst wird nicht nur erteilt, sondern ebenso (wie durch Abfärben) empfangen. Nein, es wäre wohl zutreffender zu sagen, dass ich meine Persönlichkeit in der Weise erkläre, wie du deine Persönlichkeit erklärst. Daher lautet meine Erklärung, dass das Training für den geistlichen Dienst sowohl empfangen als auch erteilt wird.

Was eine bestimmte Person zu hören bekommen muss, ist individuell verschieden. Wenn ich selbst von etwas begeistert bin, dann begeistere ich auch andere davon; und ich bin gewöhnlich von neuen Ideen oder dem neuesten Schrei begeistert – von Dingen, um die ich ringe. Wir bilden Offiziere aus, nicht Fußsoldaten; darum müssen wir mehr Prinzipien lehren als Prozeduren. Es ist deshalb weniger wichtig, über welches Thema wir sprechen, wenn wir nur auf das zugrundeliegende Prinzip kommen. Wenn unsere Schüler dann auf Schwierigkeiten stoßen, können sie diese Prinzipien auch auf andere Fälle anwenden. Ich freue mich, mit meinen Schülern über alles reden zu können, worüber sie sprechen möchten.

Anhang 2

CM: Kannst du ein Beispiel nennen, was du diese Woche mit deinen Schülern erlebt hast?

PJ: Diese Woche las ich etwas über Kindererziehung und die massenhafte Betreuung in Kindertagesstätten. Kindererziehung ist für uns als Christen und Mitarbeiter ein Dauerthema. Einer meiner Grundsätze lautet, in Sachen Kindererziehung nicht den gerade aktuellen Moden und Marotten zu folgen. Ein anderer Grundsatz lautet, nicht zu viele Bücher zum Thema zu lesen, weil das nur Verwirrung stiftet. Ich will lieber fragen: Was sagt die Bibel dazu?

CM: Du bist also über einen Zeitungsartikel gestolpert und hast daraus ein Unterrichtsthema gemacht. Du hast dich darüber aufgeregt und darum hast du alle deine Schüler in einem Teamtreffen von dem Gedanken begeistert. Aber wie kannst du dann wissen, ob du in zwei Jahren MTS alle Themen lückenlos behandelt hast?

PJ: Das ist nicht mein Ziel.

CM: Ist die Ausbildung dann aber nicht lückenhaft?

PJ: Ja und nein. Es gibt keine Lücken, wenn du gar nicht die Absicht hast, alles abzudecken. Jüngerschaftstraining bedeutet lebenslanges Lernen, und du musst lernen zu denken. Mit einem geschlossenen Lehrplan lernst du nicht zu denken. Es geht darum, dass man lernt, die Welt aus biblischer Sicht zu sehen.

CM: Du kannst also von jedem beliebigen Thema ausgehen und ihnen beibringen, biblisch zu denken.

PJ: Sie müssen die Welt aus der Perspektive des Evangeliums und dessen Verkündigung betrachten. Dann gehen sie mit diesem Grundgerüst an eine theologische Ausbildungsstätte. Ich brauche sie also nicht nach Lehrplan in Kirchengeschichte unterrichten, aber ich will, dass sie verstehen, wer die guten und wer die die

Interview mit Phillip Jensen über die Ausbildung bei MTS

bösen Jungs sind und wie die Geschichte uns zu dem gemacht hat, was wir sind. Mir genügt es deshalb, ein grobes Gesamtbild zu zeichnen, weil ich weiß, dass sie die Details noch im Studium erfahren werden.

CM: Du machst dir also keinen Kopf um Jahreszahlen.

PJ: Ich will, dass – zum Beispiel – Ingenieure Geschichte kennenlernen wollen und dafür offen werden. Beim christlichen Glauben geht es sehr viel um Geschichte.

CM: Aber wenn manche Pastoren anfangen wollen, jemanden als MTS-Lehrling auszubilden, haben sie vielleicht nicht dein Fachwissen, sodass sie einfach aus einem beliebigen Thema eine Unterrichtseinheit machen könnten. Kann man das lernen? Müssen manche Ausbilder einfach nur einen Lehrplan durcharbeiten?

PJ: Ich vermute, du wirst dich gemäß deiner eigenen Persönlichkeit entwickeln. Deine Lehrlinge werden in ihrem Wachstum dir immer ähnlicher werden, egal wie du bist. Ja, wir sind alle verschieden. Lehrlinge und Ausbilder sind an verschiedenen Dingen leidenschaftlich interessiert. So sind etwa manche Ausbilder von reformierter Theologie begeistert; darum trainieren sie ihre Lehrlinge, indem sie die Systematische Theologie von Louis Berkhof durchnehmen. Das ist in Ordnung. Die Schafe werden immer dem Hirten folgen. Darum schätze ich, dass deine Schüler nachher auch ungefähr so geprägt sind. Wenn ich hingegen mit Berkhof anfangen würde, dann wäre ich nach drei Kapiteln am Ende, hätte den Anfang schon wieder vergessen oder ...

CM: ... würdest alles umformulieren wollen.

PJ: Ich schätze, dass mein Training deshalb eine Menge Quasselstrippen hervorbringt – Leute, die sich auf ein Thema nicht länger als nur ein paar Minuten konzentrieren können!

CM: Wenn also die genaue Methode nicht entscheidend ist und die Persönlichkeit des Ausbilders ebenfalls nicht, worauf kommt es dann im Endeffekt an, wenn du einen Lehrling ausbildest?

PJ: Du reproduzierst dich selbst – wirklich! Darum musst du sicherstellen, dass das, was du von dir reproduzierst, das ist, was wirklich wichtig ist. Du musst das Evangelium reproduzieren; du musst eine geistliche, gottesfürchtige Einstellung vervielfachen. Mir ist die christliche Freiheit sehr wichtig. Ich denke, du hast das Evangelium so lange nicht richtig verstanden, ehe du nicht verstanden hast, was christliche Freiheit ist. Ich will also nicht, dass meine Schüler in dem Sinn werden wie ich, dass sie Rugby oder Cricket mögen oder dass ich ihnen sage: »Ihr müsst das so und so machen.« Ich will, dass sie in Sachen Evangelium und geistliche Einstellung so werden wie ich.

CM: Ich habe es immer als sehr befreiend empfunden, dass du uns beibringst, entsprechend unserer eigenen Persönlichkeit zu dienen.

PJ: Ja; du musst also nicht daherkommen und versuchen, wie Phillip Jensen zu sein. Das wäre furchtbar.

CM: Furchtbar – ja!

PJ: Entschuldige bitte. Ich muss mich schon ständig damit abfinden, dass ich so bin, wie ich bin. Würde ich überall noch mehr Kopien von mir sehen, wäre das schrecklich – nicht nur für die Welt, sondern auch für mich. Ich will, dass Tim Thorburn der beste Tim Thorburn ist, der er jemals sein könnte, und dass Peter Blowes der beste Peter Blowes ist, der er jemals sein könnte.[1] Deshalb (vielleicht ist das auch nur mein Erklärungsversuch) möchte ich, dass sie mir sagen, welches Thema sie durchackern wollen,

---

[1] Tim und Peter waren Phillips allererste »Lehrlinge«.

Interview mit Phillip Jensen über die Ausbildung bei MTS

statt dass ich ihnen sage, sie müssten dies und das tun oder so und so denken. Deshalb will ich keinen Lehrplan haben, der ihnen strikt vorgibt, was alles zu tun ist. Aber ich denke, es gibt auch Leute, die gut nach einem Lehrplan unterrichten können und für die ein Lehrplan eine große Hilfe ist.

CM: Wenn du nach Lehrplan lehrst, bringst du dadurch Offiziere zustande?

PJ: Ich denke kaum. Soldaten werden nach Handbuch ausgebildet. Mein Kollege Mark Charleston war früher in der Armee. Er sagte mir, dass wir heute zwei verschiedene Arten von Infanterie haben: gewöhnliche Fußsoldaten und die SAS.[2] Bei den Fußsoldaten ist es so: Du schickst sie in die Schlacht und sagst ihnen, wo der Feind steht und wie sie vorgehen sollen. Die SAS hingegen lässt du mitten im Kampfgebiet abspringen, sagst, der Feind steht irgendwo ringsum, und wünschst ihnen: »Viel Glück, Jungs!« Eine Ausbildung, die nicht nach Handbuch abläuft, ist die beste Ausbildung für die SAS, kann aber auf jemanden verwirrend wirken, der ein Vorgehen nach Art der Fußsoldaten braucht und der ohne System nicht weitermachen kann. Ich wäre wahrscheinlich kein guter Ausbilder für Fußsoldaten.

---

2 SAS: Special Air Service; eine Luftlande-Spezialeinheit (Anm. d. Übers.).

Über die Verfasser

Colin Marshall hat in den vergangenen 30 Jahren Menschen zum Evangelisationsdienst ausgebildet – sowohl als Hochschullehrer als auch im Rahmen örtlicher Gemeinden. Er ist Absolvent des Moore Theological College (BTh, MA) und Autor von *Growth Groups*, einem Trainingskurs für Kleingruppenleiter, sowie von *Passing the Baton*, einem Handbuch für die Lehrausbildung zum geistlichen Dienst. Bis 2006 war er Leiter von Ministry Training Strategy und ist heute im Vorstand von Vinegrowers, einem neuen Trainingsdienst, der Pastoren und anderen geistlichen Führungskräften helfen will, die in diesem Buch genannten Prinzipien umzusetzen (siehe www.vinegrowers.com).

Tony Payne ist Verlagsleiter des christlichen Verlags Matthias Media (www.matthiasmedia.com.au) und seit über 20 Jahren Autor und Herausgeber christlicher Bücher. Er ist Absolvent des Moore Theological College (BTh Hons) und Autor bzw. Mitautor vieler populärer Bücher und Materialien, darunter *Two Ways to Live: The choice we all face; Fatherhood: What it is and what it's for; Guidance and the Voice of God; Prayer and the Voice of God* und *Six Steps to Reading Your Bible*.

Über Ministry Training Strategy

Minstry Training Strategie (MTS) ist ein unabhängiger Schulungsdienst und bildet Diener des Evangeliums dafür heran, der Welt das Heilswerk Christi zu verkünden. Unser Schwerpunkt liegt auf dem Training treuer und kompetenter Bibellehrer, die Christus als Pastoren, Evangelisten und Gemeindegründer dienen. MTS begann inoffiziell 1979 auf dem Campus der Universität von Neu Südwales; formell wurde es 1992 gegründet, um der Gemeinde auch überregional zu dienen. Wir arbeiten mit Mitarbeitern vieler verschiedener Konfessionen und besonderen christlichen Werken zusammen, um sie dafür zuzurüsten, andere für das Werk des Evangeliums zu trainieren.

Kontakt:
MTS Ltd
GPO Box 175
Sydney NSW 2001
Australia
E-Mail: mts@mts.com.au
Telefon: +61-2-9238-0271
Fax: +61-2-9238-0272

Mehr über MTS erfahren Sie auf unserer Internetseite, über die sie auch Zugang zu unserem Angebot an Materialien und Diensten haben:

www.mts.com.au

EUROPÄISCHES BIBEL TRAININGS CENTRUM

EBTC

Das EBTC ist eine private Bibelschule mit dem Ziel, Gemeinden bei der Zurüstung ihrer Mitarbeiter und v.a. ihrer Prediger zu unterstützen.

Wir wollen Gemeindemitarbeitern eine fundierte biblische Ausbildung ermöglichen. Dies bewerkstelligen wir durch das *Grundlagenjahr* **Bibelkunde** und die *Aufbaujahre* **Predigerausbildung** (2 Jahre), **Biblische Seelsorge** (1 bzw. 2 Jahre) sowie den **Musikdienst**. Darüber hinaus bieten wir mehrere **Master-Studiengänge** an (Master of Arts in NT, OT and Theology - *äquiv.*).

Ergänzt wird unser Angebot durch **verschiedene Seminare** und die jährliche **Hirtenkonferenz**, zu denen jeder herzlich willkommen ist.

Mitarbeiter und Prediger in den Gemeinden haben in der Regel nicht die Möglichkeit, ihren Dienst in der Gemeinde und ihren Beruf für längere Zeit zu unterbrechen, um eine biblische Ausbildung zu durchlaufen. Aus diesem Grund erfolgt der Unterricht als kombiniertes **Fern- und Präsenzstudium**, jeweils an einem Wochenende pro Monat (Freitag bis Samstag), und erstreckt sich über jeweils 10 Monate pro Schuljahr (September bis Juni).

Bist Du interessiert Gottes Wort tiefer zu studieren? Du bist herzlich eingeladen, unsere Seminare und Konferenzen zu besuchen oder als Gasthörer am Unterricht teilzunehmen.

🏠 www.ebtc-online.org/bibelschule

Buchempfehlung

Nigel Beynon & Andrew Sach

Tiefer graben

Werkzeuge, um den Schatz der Bibel zu heben

Betanien Verlag 2019
Paperback · 176 Seiten
ISBN 978-3-94571649-6
11,90 Euro

»Auf so ein Buch habe ich jahrelang gewartet: ein einfaches und praktisches ›How-to‹-Handbuch für das persönliche Bibelstudium. Anspruchsvolle Werke für Akademiker und Theologen gibt es reichlich, aber gebraucht wird ein Buch, das man normalen jungen Christen an die Hand geben kann, die Hilfe brauchen, um die Bibel richtig zu verstehen.
  Nigel Beynon und Andrew Stach haben hier hervorragende Arbeit geleistet. In diesem Buch stellen sie 17 grundlegende Werkzeuge des Bibelstudiums vor (der Kontext, das Genre, Übersetzungen vergleichen, usw.), mit deren Hilfe wir die Bedeutung der Bibel entdecken können. Dabei schreiben sie in einem lebendigen Stil, der simpel ist, aber nicht simplifiziert, tiefgründig, aber niemals weitschweifig oder langweilig. Dieses Buch wird allen, die es lesen, anwenden und seine Lektionen anderen vermitteln, helfen, das wahre Wort Gottes zu hören und zu verstehen. Nichts braucht die Gemeinde von heute dringender als das.«

Vaughan Roberts, Autor von *Gottes Plan, kein Zufall*

Buchempfehlung

Mark Dever
Wachstum durch Jüngerschaft
Wie man anderen hilft, Jesus nachzufolgen

Betanien Verlag 2018
Paperback · 119 Seiten
ISBN 978-3-94571638-0
7,90 Euro

Dieses Buch ist ein Band der Reihe *9 Merkmale gesunder Gemeinden*. In diesem Band beschreibt Mark Dever, wie der Befehl Jesu: »Machet zu Jüngern« praktisch umgesetzt werden kann.

Jesu Missionsbefehl umfasst nicht nur Evangelisation, sondern auch den Auftrag, die Bekehrten »zu lehren, alles zu bewahren, was ich euch geboten habe« (Mt 28,20). Dazu ist sowohl die örtliche Gemeinde mit einer biblischen Leitung und Verkündigung als auch eine persönliche Jüngerschafts- und Mentorbeziehung erforderlich.

»Wenn Sie Mark Dever kennen, wissen Sie, dass Jüngerschaft sein Element ist. Und darum geht es in diesem Buch: Was ihn antreibt und wie er andere zu Jüngern macht. Machen Sie sich bereit – die Lektüre ist eine lebensverändernde Erfahrung!«
Conrad Mbewe,
Pastor der Kabwata Baptist Church in Lusaka, Sambia

»Eine der größten Gaben in meinem Leben war es, fast 10 Jahre unter Mark Dever zu lernen. In diesem Buch steht, was er lebt. Lehrreich und inspirierend!«
Matthias Lohmann, Pastor der FEG München-Mitte
& Vorsitzender von Evangelium21

Weitere Bücher vom Betanien Verlag

Tony Reinke
Wie dein Smartphone dich verändert
12 Dinge, die Christen alarmieren sollten
Paperback · 254 Seiten · ISBN 978-3-94571628-1 · 14,90 Euro
Höchste Zeit, unser Smartphone-Verhalten zu hinterfragen. Die These: Wir können den Umgang mit digitalen Medien lernen, aber dazu müssen wir gesunde Gewohnheiten entwickeln, um Gott und unseren Nächsten auch als Smartphone-Nutzer zu lieben und zu dienen..

Michael Lawrence
Biblische Theologie für die Gemeinde
Ein Leitfaden für die Anwendung von Gottes Offenbarung
Paperback · 276 Seiten · ISBN 978-3-935558-45-7 · nur 7,90 Euro
Um die Bibel richtig zu verstehen und anzuwenden, müssen wir sie als Ganzes lesen und studieren, denn so hat Gott sie geoffenbart: als fortlaufende Geschichte seines Heilswerkes, gipfelnd in Christus. Dieses Buch verfolgt die roten Fäden und verbindet gesunde Lehre mit Praxis.

Collin Hansen & Jonathan Leeman
Gemeinde wiederentdecken
Warum die Ortsgemeinde so wichtig ist
Paperback · 146 Seiten · ISBN 978-3-945716-63-2 · 9,90 Euro
Ist es nötig, sich als Gemeinde „in echt" zu versammeln oder reichen auch Online-Angebote? Heute fehlt es an Wertschätzung für reales Gemeindeleben. Die Autoren überzeugen anhand der Bibel vom Gegenteil.

Robert C. Sproul
Bibelstudium für Einsteiger
Eine Einführung in das Verstehen der Heiligen Schrift
Paperback · 140 Seiten · ISBN 978-3-935553-89-1 · nur 5,90 Euro
Der Autor fördert persönliches Bibelstudium als Vermächtnis der Reformation. In verständlichem Stil vermittelt er eine solide Hermeneutik (Lehre vom rechten Verstehen der Bibel). Mit Fragen- und Übungsteil.

Iain Murray
John MacArthur
Dienst am Wort und an der Herde
Paperback · 274 Seiten · ISBN 978-3-935558-48-8 · nur 7,90 Euro
John MacArthurs Leben mit seinen Prioritäten und durchstandenen Problemen bietet nützliche Lektionen: Hier wird deutlich, welch reiche Frucht entstehen kann, wenn man die richtigen Prioritäten setzt.